Fale Árabe em 20 Lições

JIHAD M. ABOU GHOUCHE

Fale Árabe em 20 Lições

Veja como acessar o áudio p. 208

9ª reimpressão

DISAL EDITORA

Preparação de texto
Adriana Moretto / Verba Editorial

Revisão
Juliane Kaori

Capa e projeto gráfico
Paula Astiz

Editoração eletrônica
Laura Lotufo / Paula Astiz Design

Áudio
Locutores: Nasser Abou Ghouche / Amira Omairi

Dados Internacionais de Catalogação na Publicação (CIP)
(Câmara Brasileira do Livro, SP, Brasil)

Ghouche, Jihad M. Abou
Fale árabe em 20 lições / Jihad M. Abou Ghouche. - Barueri, SP : DISAL, 2009.

ISBN 978-85-7844-035-0

1. Árabe - Composição e exercícios 2. Árabe - Estudo e ensino - Estudantes brasileiros 3. Árabe Fraseologia e diálogos 4. Árabe - Gramática I. Título.

09-08011 CDD-492.78

Índices para catálogo sistemático:
1. Árabe : Conversação : Linguística 492.78
2. Conversação : Árabe : Linguística 492.78

DISAL EDITORA

Alameda Mamoré 911 - cj. 107
Alphaville - BARUERI - SP
CEP: 06454-040
Tel. / Fax: (11) 4195-2811
Visite nosso site: www.disaleditora.com.br
Televendas: (11) 3226-3111

Fax gratuito: 0800 7707 105/106
E-mail para pedidos: comercialdisal@disal.com.br

Nota do autor

Como aprender com este livro

Fale Árabe em 20 Lições é um livro baseado em aulas dadas, por mais de nove anos, para centenas de alunos, descendentes ou não de árabes. Funciona porque é cuidadosamente elaborado, de forma que as lições, vocábulos, expressões e estrutura gramatical são introduzidos de forma gradual e crescente, ou seja, o aprendiz inicia aprendendo frases curtas com os verbos ser e estar no presente, depois aprende esses verbos no passado, passa para verbos comuns, verbos especiais etc.

Para conseguir resultados satisfatórios e aprender de forma concreta, você deverá seguir as seguintes orientações:

1. Comece pela lição 1 e não pule etapas. Exemplo: fazer a lição 1, a 2 e de repente passar para a lição 7 (talvez porque o assunto lhe pareça mais interessante). Os conteúdos são diretamente dependentes uns dos outros numa espécie de corrente com elos. Pulá-los poderá resultar em confusão.

2. Leia com atenção as explicações e utilize o áudio sempre que possível enquanto estiver estudando. Ouça a mesma faixa mais de uma vez e sempre repita em voz alta. Aliás, o ideal é que leia bastante em voz alta, assim conseguirá melhorar a pronuncia mais rapidamente.

3. Faça os exercícios sozinho, e apenas verifique as respostas no final do livro ou ouça o áudio depois de ter tentado por conta própria.

4. Estude o livro, ouça o áudio e pratique no mínimo três vezes por semana em dias alternados. Estudar todos os dias é ótimo, mas não é recomendado terminar o livro em dois meses. Uma língua deve ser estudada em doses adequadas. Entre um conteúdo e outro deve haver um período suficiente para que o aprendiz absorva/ assimile as informações recém-aprendidas. O certo é passar para a próxima lição quando tiver domínio de no mínimo 70% do conteúdo da atual.

5. Alem do livro é recomendado que você utilize um caderno paralelamente. Nele você deve anotar as palavras, expressões e frases que achar mais difíceis e estudá-las com mais frequência. Também deve tentar formular frases novas com o vocabulário que aprende. Lembre-se: é uma língua, há infinitas possibilidades de se expressar. No livro você recebe uma grande quantidade de "ingredientes" e algumas "receitas" prontas, mas você pode e deve inventar novas sempre que estiver estudando e/ou praticando.

Quando você aprende uma nova língua, novas portas se abrem. Você amplia seus horizontes, aprende novas culturas, faz novos amigos e fica mais competitivo no mercado de trabalho.

Bem-vindo à língua falada por mais de 300 milhões de pessoas em 21 países nativos e outros milhões ao redor do mundo.

Jihad M. Abou Ghouche

Sumário

Lição 1

O alfabeto árabe é composto por 28 letras. A maioria dessas letras são similares e produzem o mesmo som de algumas do alfabeto da língua portuguesa. Exemplos destas letras: B, D, F, J, M, N etc.

Outras emitem sons que não existem em português, mas aparecem em outras línguas como a letra (aqui neste livro simbolizada) KH, que é muito parecida com o "J" em espanhol (hijo) ou o "CH" em alemão (ich).

Como o propósito deste livro é ensinar a falar e a entender o árabe coloquial, não será necessário que você saiba as 28 letras, até porque, algumas emitem sons tão parecidos entre si que até alguns árabes ficam sujeitos à confusão quando escrevem palavras com elas, como acontece na língua portuguesa com as consoantes "s", "ç", "ss" ou "sc".

Portanto, seguem aqui as letras que devem ser estudadas e treinadas antes de iniciar as próximas lições:

Ā, Ī, Ū: o risco em cima da letra indica que o som deve ser prolongado; quer dizer, pronunciado por mais tempo.

Exemplos:
SUBBĀT – sapato
TAI ĀRA – avião
ASĪR – baixo

ARĪB – perto
BIDŪN – sem
LAIMŪN – laranja

TH: similar ao som de "th" em inglês (think): coloque a ponta da língua entre dentes e assopre.

Exemplos:
THIĀB – roupas
THALEJ – neve
THAUR – touro
THANAIN – segunda-feira
THUM – alho
TIMTHĀL – estátua

Ḥ: (agá com ponto) é uma pronúncia suave, que sai da base da garganta sem vibração.

Exemplos: ḤAIĀT – vida
ḤELU – bonito/ doce
ḤALĪB – leite
LAḤEM – carne
SABĀḤ – manhã
MELEḤ – sal
ḤOB – gosta
SAḤ – certo

H: (agá sem ponto) similar ao "h" do inglês (help) ou ao "rr" do português (carro).

Exemplos:
HAUA – ar
HUE – ele
MUHIM – importante
HEDA – este
HDEII – presente

KH: som forte, sai da base da garganta e é bastante vibrado. Parece com o "j" do espanhol (hijo) ou o "ch" do alemão (ich), porém, mais forte.

Exemplos:
KHOBEZ – pão
KHARŪF – carneiro
BAKHŪR – incenso
KHAIĀT – costureiro
KHĀLID – imortal
UKHT – irmã
AKHBĀR – notícia
KHAMR – bebida alcoólica

ξ: é uma letra/ som que só existe em árabe. A única dica útil que pode ajudá-lo a entender como e onde sai o som é dizer que parece muito com o som emitido por uma pessoa que está começando a vomitar. É isso mesmo! O som é feito no fundo da garganta, bem gutural.

Exemplo:
ξASFUR – passarinho
ξAIN – olho
TAξBĀN – cansado
JUξĀN – com fome
MAξLŪM – com certeza
ξĪD – festa/ festival
ξĀLAM – mundo

>: este símbolo não chega a ser um som/ letra, mas, sim, uma parada/ corte na palavra.

Exemplos:
BA>RA – vaca
LA> – não
TARĪ> – rua/ estrada

>OS – cortar
LU>LU> – pérola
MU>LIM – dolorido

GH: parecido com KH (visto anteriormente), porém, mais fraco.

Exemplos:
GHĀLI – caro
GHARĪB – estranho
GHANI – rico
GHAIM – nuvem
LUGHA – língua/ idioma

Ouça o áudio e repita cada uma das palavras dos exemplos dados a cada letra/ som (faixa 1).

Com essas letras/ sons, você pode aprender tudo que este livro pode ensiná-lo.

Lição 2

PRONOMES PESSOAIS

Os pronomes pessoais em árabe são praticamente iguais aos da língua portuguesa, inclusive na ordem (eu, você, ele etc.).

A diferença é que em árabe há dois pronomes para "você". Há "você" para masculino e "você" para feminino, que serão diferenciados assim: você (m) e você (f).

ANA – eu
INTA – você (olhando para um homem, menino)
INTI – você (olhando para uma mulher, menina)
HUE – ele
HIE – ela
NAḤNA – nós
INTU – vocês
HINNI – eles ou elas

Ouça o áudio e repita os pronomes (faixa 2).

Não esqueça! Para diferenciar "você" (masculino) de "você" (feminino) nos exercícios deste livro, serão usados: "você (m)" e "você (f)".

ADJETIVOS 1

Para que você possa formar frases básicas com pronomes e os verbos ser/ estar, é necessário que aprenda alguns adjetivos. Seguem aqui alguns adjetivos úteis:

TAUĪL – alto
ASĪR – baixo
MITJAUIZ – casado
AξZIB – solteiro
JAξĀN – com fome/ faminto
MABSUT – contente/ bem
HAZIN – triste
ḂARDĀN – com frio
MCHAUIB – com calor
TAξBĀN – cansado
NAξSĀN – sonolento
ḤELU – bonito
ḂICHξ – feio
GHANI – rico
FA>IR – pobre
ξATCHAN – sedento
ZAξLAN – zangado
MACHGHUL – ocupado
BAξĪD – longe
ARĪB – perto

Ouça o áudio e repita os adjetivos (faixa 3).

FRASES CURTAS COM OS VERBOS SER/ ESTAR NO PRESENTE

AFIRMATIVO

Na língua árabe falada (coloquial), os verbos ser/ estar não existem no presente! Ou seja, se você quer dizer:

1 – Ele ~~é~~ alto.
→ HUE TAUĪL.

2 – Eu ~~estou~~ ocupado.
→ ANA MACHGHUL.

No caso feminino dos adjetivos, para dizer: alta, baixa, casada etc. apenas acrescente “I” aos adjetivos:

alto: TAUĪL — alta: TAUILI

baixo: ASĪR — baixa: ASĪRI

cansado: TAξBĀN — cansada: TAξBĀNI

Para dizer:

1 – Você (f) ~~é~~ bonita.
→ INTI ḤELUI.

2 – Ela ~~está~~ com fome. (faminta)
→ HIE JAξĀNI.

No caso do plural dos adjetivos, para dizer altos (as), baixos (as), casados (as) etc. apenas acrescente “IN” aos adjetivos:

casado: MITJAUIZ — casados (as): MITJAUIZIN

zangado: ZAξLĀN — zangados (as): ZAξLĀNIN

Para dizer:

1 – Eles ~~são~~ casados.
→ HINNI MITJAUIZIN.

2 – Elas estão bonitas.
→ HINNI ḤELUIN.

Vamos ver se você aprendeu!

Exercício

1) Traduza as seguintes frases para o árabe:

a) Ele está ocupado.

b) Você (f) está sonolenta.

c) Eles estão ocupados.

d) Eu estou com frio.

e) Nós estamos contentes.

Ouça o áudio e repita as frases em árabe (faixa 4).

NEGATIVO DOS VERBOS SER/ ESTAR NO PRESENTE

Para formar frases negativas com os verbos ser/ estar no presente, usa-se a palavra MICH = NÃO antes do adjetivo.

Para dizer:

1 – Ele não é alto.
→ HUE MICH TAUIL.

2 – Ela não está cansada.
→ HIE MICH TAƐBĀNI.

3 – Eles não estão cansados.
→ HINNI MICH TAƐBĀNIN.

4 – Eu não estou com calor.
→ ANA MICH MCHAUIB.

Ouça o áudio e repita as frases negativas (faixa 5).

Vamos ver se você aprendeu!

Exercício

2) Traduza as seguintes frases para o árabe:

a) Ela não é solteira.

---

b) Elas não estão tristes.

---

c) Você (m) não é baixo.

---

d) Eu não estou sedento.

---

e) Nós não somos feios.

Ouça o áudio e repita as frases negativas (faixa 6).

INTERROGATIVO DOS VERBOS SER/ ESTAR NO PRESENTE

Para formar frases interrogativas com os verbos ser/ estar no presente, similar à língua portuguesa, é necessário apenas que você mude a entonação. Na escrita não há diferença na ordem das palavras com a forma afirmativa.

Para perguntar:

1 – Você (m) ~~é~~ casado?
→ INTA MITJAUIZ?

2 – Ela ~~é~~ bonita?
→ HIE ḤELUI?

3 – Vocês ~~estão~~ ocupados?
→ INTU MACHGHULIN?

Ouça o áudio e repita as frases interrogativas (faixa 7).

Vamos ver se você aprendeu!

Exercício

3) Traduza as seguintes perguntas para o árabe:

a) Vocês estão contentes?

____

b) Ele é casado?

____

c) Eu sou alto?

____

d) Eles estão com calor?

____

e) Você (m) é rico?

____

Ouça o áudio e repita as perguntas (faixa 8).

CONVERSAÇÃO

Agora que você sabe perguntar, afirmar e negar usando os verbos ser/ estar, aprenda a responder perguntas básicas como estas.

"A" está perguntando e "B" respondendo:

A) INTA MITJAUIZ? (Você é casado?)

B) Ê, ANA MITJAUIZ. (Sim, eu sou casado.)
ou
B) LA>, ANA MICH MITJAUIZ. (Não, eu não sou casado.)

No árabe coloquial:

sim = Ê e não = LA>

Vamos ver se você aprendeu!

Exercício

4) Responda sobre você na forma afirmativa e negativa em árabe e pratique as duas possibilidades:

Exemplo: A) INTA BARDĀN? (Você está com frio.)

B) (+) Ê, ANA BARDĀN. (Sim, eu estou com frio.)
(–) LA>, ANA MICH BARDAN. (Não, eu não estou com frio.)

a) INTA AξZIB? (Você é solteiro?)
(+) ______________________________
(-) ______________________________

b) INTA JAξĀN HALLA? (Você está com fome agora?)
(+) ______________________________
(-) ______________________________

c) INTA MABSUT LIAUM? (Você está bem/ contente hoje?)
(+) ______________________________
(-) ______________________________

Ouça o áudio e repita as perguntas e respostas (faixa 9).

SAUDAÇÕES 1

A) MARḤABA! oi (1ª pessoa)

B) AHLAN! olá (2ª pessoa)

Neste livro, para os exercícios de conversação e/ou na explicação das saudações, usaremos "A" para a 1ª pessoa que se manifesta e "B" para a outra que responde.

A) SABĀḤ AL KHAIR! (Bom dia!)

B) AHLAN, SABĀḤ AL KHAIR! (Olá, bom dia!)

A) MASA AL KHAIR! (Boa tarde! – geralmente no fim de tarde)

B) AHLAN, MASA AL KHAIR! (Olá, boa tarde!)

A) LAILE SAξĪDI! (Boa noite! – usado para a chegada)

B) AHLAN, LAILE SAξĪDI! (Olá, boa noite!)

A) TUSBIḤU ξALA KHAIR! (Uma boa noite! – usado para se despedir/ saída)

B) U INTU BKHAIR! (E para vocês!)

Ouça o áudio e repita as saudações (faixa 10).

Lição 3

LUGARES NA CIDADE - BIL BALAD

BAIT – casa
MAḤAL – loja
MADRASI – escola
DUKENI – mercearia
MUSTACHFA – hospital
SAIDALIIE – farmácia
ξIEDI – clínica
MATξAM – restaurante
KNISI – igreja
JĀMIξ ou MASJID – mesquita
UTEL – hotel
FUNDU> – hotel
BANEK – banco
MAKTIB SIĀḤA – agência de turismo
MALḤAMI – açougue
MAKTABI – papelaria
CHA>A – apartamento
BINEII – prédio
CHĀRIξ – rua

Nas frases que seguem, vamos trabalhar com os "lugares na cidade". A preposição que os antecede é sempre BIL (na, no, em).

Exemplos:

1 – Eles estão no hotel.
→ HINNI BIL ŪTEL.

2 – Ela não está na clínica.
→ HIE MICH BIL ξIEDI.

PASSADO DOS VERBOS SER/ ESTAR

ANA KUNT (eu era, eu estava)
INTA KUNT (você (m) era, você estava)
INTI KUNTI (você (f) era, você estava)
HUE KAN (ele era, ele estava)
HIE KANET (ela era, ela estava)
NAḨNA KUNNA (nós éramos, nós estávamos)
INTU KUNTU (vocês eram, vocês estavam)
HINNI KĀNU (eles/ elas eram, eles/ elas estavam)

Ouça o áudio e repita os pronomes e os verbos ser/ estar no passado (faixa 11).

ADVÉRBIOS DE TEMPO

AL SOBEḨ– de manhã
AL DOHER – de tarde
AL MASA – de tardezinha
BIL LAIL – à noite
LIAUM – hoje
MBĀRIḨ – ontem

Para dizer:

Ontem de manhã = MBĀRIḨ AL SOBEḨ

Hoje à noite = LIAUM BIL LAIL

Ouça e repita os advérbios de tempo (faixa 12).

Vamos ver se você aprendeu!

Exercício
5) Traduza para o árabe:

a) Eu estava cansado ontem.

____

b) Ele era casado.

____

c) Você (f) estava com frio de manhã.

____

d) Eles estavam com fome.

____

e) Ela estava zangada.

____

Ouça o áudio e repita as frases acima (faixa 13).

NEGATIVO DOS VERBOS SER/ ESTAR NO PASSADO

Para formar frases negativas com os verbos ser/ estar no passado usa-se a palavra MA = NÃO antes do adjetivo.

Para dizer:

Ela não estava em casa.
HIE MA KANET BIL BAIT.

Eles não estavam com calor.
HINNI MA KANU MCHAUIBIN.

Eu não estava cansado.
ANA MA KUNT TAƐBĀN.

Ouça o áudio e repita as frases negativas no passado (faixa 14).

Vamos ver se você aprendeu!

Exercício

6) Traduza as seguintes frases para o árabe:

a) Ele não era solteiro.

____

b) Eu não estava longe.

____

c) Ela não estava ocupada de manhã.

____

d) Você (f) não estava triste.

____

e) Nós não estávamos contentes.

____

Ouça o áudio e repita as frases do exercício 6 (faixa 15).

INTERROGATIVO DOS VERBOS SER/ ESTAR NO PASSADO

Para formar frases interrogativas com os verbos ser/ estar no passado, similar à língua portuguesa, é necessário apenas que você mude a entonação. Na escrita não há diferença na ordem das palavras com a forma afirmativa.

Para perguntar:

1 – Você (m) estava com frio?
→ INTA KUNT BARDĀN?

2 – Ela era casada?
→ HIE KANET MITJAUIZI?

3 – Vocês estavam com sono?
→ INTU KUNTU NAξSĀNIN?

Ouça o áudio e repita as perguntas (faixa 16).

ADJETIVOS 2

GHĀLI – caro
ERKHĪS – barato
HAIIN – fácil
SAξB – difícil
>AUI – forte
DAξĪF – fraco/ magro
KBĪR – grande
ZGHĪR – pequeno
JDĪD – novo
ξATĪ> – velho
NDĪF – limpo
UOSEKH – sujo
NĀSEḤ – gordo
DAξĪF – magro/ fraco
ZAKI – inteligente
ḤMĀR – burro
FAZξĀN – com medo

Ouça o áudio e repita os adjetivos (faixa 17).

CONVERSAÇÃO

A) INTA KUNT BIL BAIT AL SOBEḤ? (Você estava em casa de manhã?)

B) Ê, ANA KUNT BIL BAIT AL SOBEḤ. (Sim, eu estava em casa de manhã.)

B) LA>, ANA MA KUNT BIL BAIT. (Não, eu não estava em casa.)

Ouça o áudio e repita a pergunta e as duas possíveis respostas (faixa 18).

Exercício

7) Responda sobre você na forma afirmativa e negativa em árabe e pratique as duas possibilidades:

a) INTA KUNT MITJAUIZ? (Você era casado?)
(+) ____________________
(-) ____________________

b) INTA KUNT BIL BANEK MBĀRIḤ? (Você estava no banco ontem?)
(+) ____________________
(-) ____________________

c) INTA KUNT MCHAUIB LIAUM AL DOHER? (Você estava com calor hoje à tarde?)
(+) ____________________
(-) ____________________

d) INTA KUNT TAξBĀN MBĀRIḤ BIL LAIL? (Você estava cansado ontem à noite?)
(+) ____________________
(-) ____________________

e) INTA KUNT BIL MATξAM MBĀRIḤ? (Você estava no restaurante ontem?)

(+) ______________________________

(-) ______________________________

Ouça o áudio e repita as perguntas e respostas (faixa 19).

SAUDAÇÕES 2

"TFADDAL" é uma palavra muito cordial que pode ser traduzida de várias maneiras dependendo da situação. Ela pode significar "entre", "sente-se", "pegue", "fique à vontade". Geralmente acompanha um gesto, por exemplo: "A" aponta para a cadeira convidando "B" a se sentar e diz:

A) TFADDAL. (Sente-se.)

B) CHUKRAN! (Obrigado.)

Ou

"A" serve um cafezinho para "B" ou simplesmente lhe passa uma caneta e, ao se aproximar e lhe oferecer, diz: "TFADDAL".

Se você estiver olhando/ oferecendo algo para uma mulher, deve dizer "TFADDALI".

Caso esteja se direcionando a mais de uma pessoa, deve dizer "TFADDALU".

A) AL SALĀMU ξALAIKUM. (Que a paz esteja convosco.)

B) U ξALAIKUM AL SALĀM. (E convosco esteja a paz.)

A) TFADDAL/ TFADDALI/ TFADDALU.

B) CHUKRAN. (Obrigado/a.)

A) TIKRAM/ TIKRAMI/ TIKRAMU (De nada!)

"TIKRAM" olhando para o homem, "TIKRAMI" olhando para a mulher e "TIKRAMU" para os dois.

BIL IZEN. (Com licença.)

ξAFUAN. (Desculpe.)

A) ILALLIQĀ>. (Até logo.)

B) MAξ AL SALĀMI. (Vá em paz.)

Ouça o áudio e repita as saudações (faixa 20).

Lição 4

A FAMÍLIA E OUTROS

ξAILE – família
JUDD – avô
SETT – avó
BAI – pai
IMM – mãe
IBN – filho
BINT – filha
KHAI – irmão
UKHT – irmã
ISTĀZ – professor
JĀR – vizinho
RFĪ> – amigo
RFĪ>A – amiga
JAUZ – marido
MART – esposa

Ouça o áudio e repita (faixa 21).

PRONOMES POSSESSIVOS

Enquanto em português e inglês os pronomes possessivos são palavras que antecedem um substantivo (minha mãe, my mother), em árabe os pronomes possessivos na verdade são sufixos acrescentados diretamente ao substantivo.

Minha mãe = IMMI

Portanto, o "I" acrescentado a qualquer substantivo dá o sentido de pertencer a "mim" [meu (s), minha(s)]:

Minha irmã = UKHTI
Meu professor = ISTĀZI

Veja todos os possessivos a seguir com a palavra "mãe":

IMMI – minha mãe
IMMAK – tua mãe (para o masculino)
IMMIK – tua mãe (para o feminino)
IMMU – mãe dele
IMMA – mãe dela
IMMNA – nossa mãe
IMMKUN – vossa mãe (mãe de vocês)
IMMUN – mãe deles/ delas

Perceba que tua/ sua para "você" dependerá se você está se dirigindo a um homem ou a uma mulher:

Tua (m) irmã: UKHTAK
Tua (f) irmã: UKHTIK

Ouça o áudio e repita o possessivo com a palavra mãe (faixa 22).

Vamos ver se você aprendeu!

Exercício

8) Aplique os pronomes/ sufixos possessivos na palavra ISTĀZ (professor):

____

A regra serve para qualquer substantivo, aplique-a agora na palavra BAIT (casa):

Ouça o áudio e repita o exercício 8 (faixa 23).

A única exceção dos possessivos é quando a palavra termina com "A" ou "E" (e algumas vezes com "I"). Substitua a última letra por "T" e aplique os sufixos:

Exemplo: SAIĀRA – carro

SAIĀR~~A~~

SAIĀRTI – meu carro
SAIĀRTAK – teu (m) carro
SAIĀRTIK – teu (f) carro
SAIĀRTU – carro dele
SAIĀRTA – carro dela
SAIĀRTNA – nosso carro
SAIĀRTKUN – vosso carro
SAIĀRTUN – carro deles/ dela

Vamos ver se você aprendeu!

Exercício

9) Aplique os sufixos possessivos na seguinte palavra: MADRASE (não se esqueça primeiro de substituir o "E" por "T"):

Ouça o áudio e repita o exemplo e o exercício 9 (faixa 24).

Exercício

10) Vamos aplicar neste exercício os verbos ser/ estar, no presente e no passado, o possessivo e vários vocábulos que você aprendeu:

Traduza para o árabe:

a) Meu pai é alto.

b) A irmã dela é bonita.

c) Nossa casa não é longe.

d) A filha deles era casada.

e) Teu (f) irmão estava doente?

f) Vossa loja é grande.

g) Meu irmão não é gordo.

h) O professor deles estava no hospital.

i) Nosso vizinho não estava em casa.

j) A esposa dele está cansada.

Ouça o áudio e repita as frases do exercício 10 (faixa 25).

ADJETIVOS 3

MAFTUḤ - aberto
MSAKKIR - fechado
BICHξ - feio
CHAB - jovem (masculino)
SABIIE - jovem (feminino)
KHITIĀR - velho
TH>ĪL - pesado
KHAFIF - leve
SOKHEN - quente
BĀRID - frio
TAIIB - gostoso
MOR - amargo
MĀLIḤ - salgado
ḤELU - doce
MAZBUT - correto
GHALAT - errado
SAḤ - certo

Ouça o áudio e repita os adjetivos 3 (faixa 26).

NÚMEROS DE 0 A 20

0 – SIFR
1 – UAḤAD
2 – TNAIN
3 – TLETE
4 – ARBAξA
5 – KHAMSE
6 – SETTI
7 – SABξA
8 – TMENI
9 – TESξA
10 – ξACHARA

11 – HDAξCH
12 – TNAξCH
13 – TLETAξCH
14 – ARBAξTAξCH
15 – KHAMSTAξCH
16 – SETTAξCH
17 – SABAξTAξCH
18 – TMENTAξCH
19 – TESAξTAξCH
20 – ξECHRĪN

Ouça o áudio e repita os números (faixa 27).

Os números em caracteres árabes são assim:

٠ – 0   ١ – 1   ٢ – 2   ٣ – 3   ٤ – 4

٥ – 5   ٦ – 6   ٧ – 7   ٨ – 8   ٩ – 9

Mas, na maioria dos países árabes, hoje em dia, e especialmente nas cidades grandes, quase todos os números aparecem de duas formas, ou seja, os números na placa de um carro, de uma casa ou do quarto de um hotel podem aparecer assim:

85/ ٨٥
139/ ١٣٩
274/ ٢٧٤
506/ ٥٠٦

Para aprender os números, o ideal é saber perguntar e responder sobre números de telefone. Em árabe eles são lidos dígito por dígito:

A) CHU RA>AM TALAFONAK? (Qual é o seu número de telefone?)

B) RA>AM TALAFONI 3-3-5-2-7-9-0-1. (O meu número de telefone é...)

Também para endereço:

A) CHU RA>AM BAITAK? (Qual é o número da sua (m) casa?)

B) RA>AM BAITI 18. (O número da minha casa é dezoito.)

Ouça o áudio e repita (faixa 28).

Na lição 9 você aprenderá mais números (20 – 100) e será capaz de conversar sobre outras coisas como idade, valores etc.

Lição 5

PRESENTE DO INDICATIVO

Nesta lição você aprenderá a se expressar com outros verbos no presente (eu estudo, você trabalha, eles moram etc.) corretamente em árabe.

O primeiro passo é aprender alguns verbos no infinitivo sem flexioná-los.

VERBOS 1

EKOL – comer
ECHRAB – beber
NĀM – dormir
ECHTEGHIL – trabalhar
EDRUS – estudar
RUḤ – ir
SĀFIR – viajar
FAKKIR – pensar
ELξAB – brincar/ jogar
CHĪL – tirar
ḤOT – colocar
AξMIL – fazer
SŪ > – dirigir
>OS – cortar

ESKUN - morar
E>RA - ler
EKTOB - escrever
ECHTERI - comprar
BĪξ - vender
ESTAξMEL - usar

Ouça o áudio e repita os verbos (faixa 29).

CONJUGAÇÃO DOS VERBOS NO PRESENTE

Para a grande maioria dos verbos em árabe, há uma única regra de conjugação no presente. Trata-se do acréscimo de prefixos e sufixos ao verbo em sua forma original.

ANA BEKOL - eu como
INTA BTEKOL - você (m) come
INTI BTEKOLI - você (f) come
HUE BIEKOL - ele come
HIE BTEKOL - ela come
NAḪNA MNEKOL - nós comemos
INTU BTEKOLU - vocês comem
HINNI BIEKOLU - eles/ elas comem

Repare como o verbo original "EKOL" não se altera; a ele são acrescentadas as conjugações B, BT, BI...I etc.

Veja outro exemplo com o verbo "EDRUS" (estudar)

ANA BEDRUS
INTA BTEDUS
INTI BTEDRUSI
HUE BIEDRUS
HIE BTEDRUS
NAḪNA MNEDRUS

INTU BTEDRUSU
HINNI BIEDRUSU

Ouça o áudio e repita os dois verbos conjugados (faixa 30).

A regra para qualquer verbo simples ser conjugado no presente é acrescentar os seguintes prefixos e sufixos:

ANA B ________
INTA BT ______
INTI BT ______ I
HUE BI _______
HIE BT _______
NAḤNA MN ___
INTU BT _____ U
HINNI BI _____ U

Vamos ver se você aprendeu!

Exercício

11) Conjugue os seguintes verbos no presente:

ECHRAB (beber)

ANA ______________________________
INTA ______________________________
INTI ______________________________
HUE ______________________________
HIE ______________________________
NAḤNA ______________________________
INTU ______________________________
HINNI ______________________________

ECHTEGHIL (trabalhar)

ANA ____________________
INTA ____________________
INTI ____________________
HUE ____________________
HIE ____________________
NAḪNA ____________________
INTU ____________________
HINNI ____________________

SŪ> (dirigir)

ANA ____________________
INTA ____________________
INTI ____________________
HUE ____________________
HIE ____________________
NAḪNA ____________________
INTU ____________________
HINNI ____________________

JĪB (trazer)

ANA ____________________
INTA ____________________
INTI ____________________
HUE ____________________
HIE ____________________
NAḪNA ____________________
INTU ____________________
HINNI ____________________

Ouça o áudio e repita os quatro verbos conjugados (faixa 31).

NEGATIVO DOS VERBOS NO PRESENTE

Para formar frases negativas, basta acrescentar MA = NÃO na frente dos verbos conjugados.

Para dizer:

1 – Ele não come carne.
→ HUE MA BIEKOL LAḨEM.

2 – Eu não trabalho à noite.
→ ANA MA BECHTEGHIL BIL LAIL.

INTERROGATIVO

Similar ao português, uma pergunta é elaborada com as mesmas palavras e na mesma ordem de uma frase afirmativa. O que muda na escrita é o ponto de interrogação e, na fala, a entonação.

Para perguntar:

1 – Você (m) estuda todos os dias?
→ INTA BTEDRUS KUL LIAUM?

2 – Ela come carne?
→ HIE BTEKOL LAḨEM?

Vamos ver se você aprendeu!

Exercício

12) Traduza as seguintes frases para o árabe.

a) Eu não trabalho à noite.

____

b) Ela dirige bem?

c) Nós não viajamos de avião.

d) Você (f) traz seu filho?

e) Eles não jogam todos os dias.

Ouça o áudio e repita as frases do exercício 12 (faixa 32).

CONVERSAÇÃO

Pessoa "A" pergunta e pessoa "B" responde:

A) INTA BTECHTEGHIL BIL LAIL? (Você trabalha à noite?)

(+) B) Ê, ANNA BECHTEGHIL BIL LAIL. (Sim, eu trabalho à noite)

(-) B) LA>, ANA MA BECHTEHIL BIL LAIL. (Não, eu não trabalho à noite)

Ouça o áudio e repita a conversação (faixa 33).

Vamos ver se você aprendeu!

Exercício

13) Responda sobre você na forma afirmativa e negativa em árabe e pratique as duas possibilidades.

a) INTA BTECHRAB ḤALĪB AL SOBEḤ? (Você bebe leite de manhã?)

(+) ____________________

(-) ____________________

b) INTA BTNĀM BAKKIR? (Você dorme cedo?)
(+) ____
(-) ____

c) INTA BTECHTEGHIL BIL LAIL? (Você trabalha à noite?)
(+) ____
(-) ____

d) INTA BTESTAξMEL AL COMBIUTER KUL LIAUM? (Você usa o computador todos os dias?)
(+) ____
(-) ____

e) INTA BTECHTERI KHOBZ KUL LIAUM? (Você compra pão todos os dias?)
(+) ____
(-) ____

Ouça o áudio e repita as respostas (faixa 34).

DIAS DA SEMANA

AIĀM AL USBŪξ – dias da semana

TANAIN – segunda-feira
TALETA – terça-feira
IRBAξA – quarta-feira
KHAMĪS – quinta-feira
JUMξA – sexta-feira
SABT – sábado
AḤAD – domingo

A preposição que antecede os dias da semana nas frases é "AL".

Exemplo:

Ele estuda no sábado.
HUE BIEDRUS AL SABT.

Como você já aprendeu anteriormente (na lição 3) os períodos do dia, você já pode dizer:

Na segunda de manhã = AL TANAIN AL SOBEḤ.
Na quinta à noite = AL KHAMĪS BIL LAIL.
No sábado à tarde = AL SABT AL DOHER.

Ouça o áudio e repita os dias da semana (faixa 35).

PALAVRAS PARA INICIAR PERGUNTAS/ PRONOMES INTERROGATIVOS

UAIN? – onde?
KIF? – como?
CHU? – o que/ qual?
MINN? – quem?
LAICH? – por quê?
LA>INU – porque (na resposta)
AMTI? – quando?
ADDAICH? – quanto/ a?
KAM? – quantos (as)?
AIIA? – qual?
MAξ MINN? – com quem?
LAMINN? – para quem?
LACHU? – para quê?
AIIA SEξA? – que horas?

Ouça o áudio e repita os pronomes interrogativos (faixa 36).

Agora que aprendeu os pronomes para iniciar perguntas, pergunte usando os possessivos:

1 A – Como é seu (m) nome?
→ CHU ISMAK?

1 A – Como é seu (f) nome?
→ CHU ISMIK?

1 B – Eu me chamo ___________
→ ANA ISMI ___________

2 A – Onde é sua (m) casa?
→ UAIN BAITAK?

2 B – Minha casa é na/ em ___________
→ BAITI BIL ___________

3 A – Como você (m) está?
→ KIFAK?

3 A – Como você (f) está?
→ KIFIK?

3 B – Eu estou bem, graças a Deus.
→ ANA MNIḤ, AL ḤAMDU LILLAH.

4 A – Quando você (m) estuda árabe?
→ AMTI INTA BTEDRUS ξARABI?

4 B – Eu estudo árabe à noite.
→ ANA BEDRUS ξARABI BIL LAIL.

5 A – Com quem você estava no domingo à tarde?
→ MAξ MINN INTA KUNT AL AḤAD AL DOHER?

5 B – Eu estava com minha irmã.
→ ANA KUNT MAξ UKHTI.

Ouça o áudio e repita todas essas perguntas e respostas (faixa 37).

CONVERSAÇÃO A

Pessoa "A" está no saguão de um shopping center e conhece "B".

Ouça o áudio e repita a conversa entre os dois (faixa 38).

A) SABAḤ AL KHAIR!
Bom dia!

B) AHLAN, SABĀḤ AL KHAIR!
Olá, bom dia!

A) CHU ISMAK?
Como é seu nome?

B) ANA ISMI AMIR, U INTI, CHU ISMIK?
Eu me chamo Amir, e você, como se chama?

A) ANA ISMI JACQUELINE, INTA MIN HAUN AU MIN SÃO PAULO?
Eu me chamo Jaqueline, você é daqui de São Paulo?

B) LA>, ANA MIN LUBNĀN, BAS ξM BESKUN BI SÃO PAULO HALLA.
Não, eu sou do Líbano, mas estou morando em São Paulo agora.

A) CHU INTA BTECHTEGHIL?
Em que você trabalha?

B) ANA BECHTEGHIL BI BANEK, U INTI?
Eu trabalho num banco, e você?

A) ANA MUMARIDA, BECHTEGHIL BIL MUSTACHFA.
Eu sou enfermeira, trabalho no hospital.

B) INTI MITJAUIZI?
Você é casada?

A) LA>, ANA AξZIBI, U INTA?
Não, sou solteira, e você?

B) ANA KAMĀN AξZIB.
Eu também sou solteiro.

A) INTA KUNT BI LUBNĀN SENI AL MĀDI?
Você estava no Líbano ano passado?

B) LA>, ANA KUNT HAUNIK CHA-HER AL MĀDI.
Não, eu estava lá mês passado.

A) LUBNĀN ḤELU?
O Líbano é bonito?

B) Ē, KTIR ḤELU!
Sim, muito bonito!

REVISÃO GERAL 1

O objetivo dessas revisões gerais, que aparecem a cada cinco lições, é rever os conteúdos aprendidos até então, de forma que você tenha de utilizar tudo que aprendeu. Afinal, uma língua é uma corrente feita de elos. O correto para que tenha uma boa assimilação é aprendê-los separadamente, mas um ótimo resultado final deve ser aquele que lhe permita o uso da corrente inteira.

Para que sirva de autoavaliação também, procure fazer estes exercícios sem pesquisar as lições anteriores. Ao terminar, verifique as respostas no final do livro.

Vamos ver se você é capaz de dizer qual é a tradução de cada uma destas frases. Traduza-as escrevendo-as, depois leia-as em voz alta:

Exercício de revisão

1) Traduza para o português:

a) HUE MABSUT.

____

b) HUE MICH AƸZIB.

____

c) NAḤNA JAƸĀNIN.

____

d) BAITU ḤELU.

____

e) INTI KUNTI BIL MADRASI MĀBRIḤ?

f) ANA MA KUNT BARDĀN AL SOBEḤ.

g) UAIN HINNI KANU AL SABT BIL LAIL?

h) UKHTU KANET MITJAUIZI.

i) MAḤALU MICH MAFTUḤ LIAUM.

j) ANA BEKOL BIL BAIT KUL LIAUM.

k) HUE MA BIEDRUS ξARABI AL TALETA.

l) NAḤNA MNECHTEGHIL AL AḤAD AL SOBEḤ.

m) INTI BTNĀMI BAKKIR?

n) HINNI BIELξABU FUTBOL AL JUMξA.

o) ANA BESKUN BIL BRAZIL.

Exercício de revisão

2) Como se diz em árabe (escreva e leia em voz alta):

a) Ontem

b) Hoje

c) Ontem de manhã

d) Hoje à tarde

e) Na quinta-feira

f) No domingo

g) Na segunda à noite

h) Quarta à tardezinha

i) No sábado à tarde

j) A semana

Exercício de revisão

3) Responda em árabe estas perguntas relacionadas a você. Leia a pergunta e a resposta em voz alta.

a) INTA JAƸĀN HALLA?

b) INTA KUNT BIL CINEMA AL SABT?

c) UAIN KANET IMMAK LIAUM AL SOBEḤ?

d) INTA BARDĀN?

e) BAITAK KBIR?

f) BAIAK KĀN MARĪD?

g) AL BRAZIL ZGHIR?

h) SILVIO SANTOS FA>IR?

i) INTA NĀSEḤ?

j) INTA BTECHTEGHIL AL SABT?

k) INTA BTEKOL LAḪEM?

---

l) LULA BIESKUN BI SÃO PAULO?

---

m) INTA BTELξAB FUTBOL?

---

n) INTA BTNĀM BAKKIR?

---

o) INTA BTECHRAB COCA COLA KUL LIAUM?

Lição 6

COMIDAS E BEBIDAS

1) Comidas em geral; 2) Frutas; 3) Legumes e verduras; 4) Bebidas

1) COMIDAS EM GERAL

AKEL – comida
ROZ – arroz
FASULIIE – feijão
CHAURABA – sopa
ξADIS – lentilha
MAξKARUNI – macarrão
SAMIK – peixe
FARŪJ – frango
DJĀJ – galinha
SALATA – salada
LABIN – coalhada
KHOBZ – pão
BATATA ME>LII – batatas fritas
LAḤEM – carne
LAḤEM MECHUI – carne assada
LAḤEM ME>LI – carne frita
BAIDĀT – ovos
BAIDĀT ME>LII – ovos fritos
BAIDĀT MASLU>A – ovos cozidos
MAξ>ŪD – geleia de frutas

ACHTA – nata
JEBN – queijo
MORTADELLA – mortadela
ZAITUN – azeitonas
GATÔ – bolo
BASKŪT – bolacha
ξASIL – mel
ZEBDI – margarina
SUKKAR – açúcar
MELEḤ – sal
FULFUL – pimenta
KHAL – vinagre

Ouça o áudio e repita as palavras (faixa 39).

2) FRUTAS

FAUĀKIH – frutas
ξENIB – uva
TUFFĀḤ – maçã
NJĀS – pera
LAIMUN – laranja
LAIMUN ḤĀMID – limão
DARRĀ> – pêssego
KHAUKH – ameixa
MAUZ – banana
TĪN – figo
RUMMĀN – romã
KARAZ – cereja
BATTĪKH – melancia
BATTĪKH ASFAR – melão
JAUZ AL HIND – coco
MUCH-MUCH – damasco
TUT – amora
BUNDU> – avelã
JAUZ – noz

LAUZ – amêndoa
TAMAR – tâmara

Ouça o áudio e repita as palavras (faixa 40).

3) LEGUMES E VERDURAS

KHAS – alface
BANADURA – tomate
KHIĀR – pepino
BASAL – cebola
THŪM – alho
JAZAR – cenoura
MALFUF – repolho
ARNABIT – couve-flor
KUSSA – abobrinha
BE>DAUNIS – salsinha
CHAMANDAR – beterraba
FEJEL – rabanete
FLAIFLI – pimentão
LUBI – vagem
NAξNAξ – hortelã
BETINJEN – berinjela
BAZELLA – ervilha
DHURA – milho
LA>TĪN – abóbora

Ouça o áudio e repita as palavras (faixa 41).

4) BEBIDAS

MACHRUB – bebidas
MAI – água
AHUI – café
CHAI – chá
ḤALIB – leite

KAZUZA – refrigerante
BIRA – cerveja
NBĪD – vinho
ξARAK – cachaça
UISKI – uísque
ξASĪR – suco
ξASĪR LAIMUN – suco de laranja (sem preposição)

Ouça o áudio e repita as palavras (faixa 42).

VERBOS 2

1) EFHAM – entender
2) EḤTĀJ – precisar
3) ḤOB – gostar de
4) EKRAH – odiar
5) AξRIF – saber
6) EDFAξ – pagar
7) ES>AL – perguntar
8) JĀUIB – responder
9) ETRAUA> – tomar café da manhã
10) ETGHADDA – almoçar
11) ETξACHA – jantar
12) FIL – ir embora
13) FŪT – entrar
14) EFTAḤ – abrir
15) SAKKIR – fechar
16) ESMAξ – ouvir
17) EḤKI – falar
18) SĀFIR – viajar
19) EGHSIL – lavar
20) ERSOM – desenhar

Ouça o áudio e repita os verbos (faixa 43).

FRASES COM MAIS DE UM VERBO

Em português, quando dois ou mais verbos são utilizados na mesma frase e aparecem lado a lado, conjugamos apenas o primeiro (de acordo com o sujeito) e os demais permanecem no infinitivo.

Exemplo:

1 – Ele precisa beber mais leite.
2 – Eles gostam de comer carne.

Em árabe, a regra é diferente. É assim:

Você deve conjugar os dois ou mais verbos de acordo com o sujeito, mas o segundo verbo (V2), o terceiro (V3) e os demais perdem a primeira letra da conjugação:

Para dizer:

1 – Ele precisa beber mais leite.
→ HUE BIEḪTĀJ ~~B~~IECHRAB AKTAR ḪALĪB.

2 – Eles gostam de comer carne.
→ HINNI BIḪOBU ~~B~~IEKOLU LAḪEM.

3 – Eu gosto de estudar árabe.
→ ANA BḪOB ~~B~~EḪKI ξARABI.

Ouça o áudio e repita as frases (faixa 44).

Vamos ver se você aprendeu!

Exercício
14) Traduza as seguintes frases para o árabe. Lembre-se de que deve conjugar todos os verbos (que aparecem juntos) de acordo com o

sujeito da frase; o 1º verbo se conjuga completo, já 2º e o 3º perdem a primeira letra da conjugação:

a) Ela gosta de morar aqui.

___

b) Eu sei falar árabe.

___

c) Você (f) gosta de beber café?

___

d) Eles sabem escrever bem.

___

e) Ele não precisa pagar hoje.

___

f) Você (m) sabe dirigir?

___

g) Nós gostamos de jogar futebol.

___

h) Vocês precisam ir agora?

___

i) Eu não gosto de acordar cedo.

___

j) Você (m) gosta de comer fruta.

___

Ouça o áudio e repita as frases (faixa 45).

ADVÉRBIOS DE TEMPO/ FREQUÊNCIA

ESSA – agora
MBĀRIḤ – ontem
BUKRA – amanhã
KUL LIAUM – todos os dias
KUL USBUξ – todas as semanas
USBUξ AL MĀDI – semana passada
USBUξ AL JEII – semana que vem

CHA-HER – mês
CHA-HER AL JEII – mês que vem
SENI – ano
SENI AL MĀDI – ano passado
SENI AL JEII – ano que vem

Ouça o áudio e repita os advérbios (faixa 46).

SAUDAÇÕES 3

A) BKHATRAK! (Até mais! – despedindo-se de um homem)

A) BKHATRIK! (Até mais! – despedindo-se de uma mulher)

A) BKHATERKUN! (Até mais! – despedindo-se de mais de uma pessoa)

A) ILALIQĀ>! (Até o próximo encontro!)

B) MAξ AL SALĀMI! (Vá em paz!)

A) ILNA AL CHARAF. (É um prazer.)

B) AL CHARAF ILNA. (O prazer é nosso.)

Ouça o áudio e repita as saudações (faixa 47).

CONVERSAÇÃO B

Pessoa “A” combina com “B” de se encontrarem numa confeitaria para um café da tarde.

Ouça o áudio e repita a conversa entre os dois (faixa 48).

A) MARḪABA, AMIR!
Oi, Amir!

B) AHLAN, JACQUELINE, KIFIK LIAUM?
Olá, Jaqueline! Como você está hoje?

A) ANA MLIḪA, U INTA?
Eu estou bem, e você?

B) ANA MASBUT, AL ḪAMDDULILLAH, TFADDALI!
Eu estou contente, graças a Deus. Sente-se!

A) CHUKRAN.
Obrigada.

B) CHU BTḪOBI TECHRABI?
O que você gostaria de beber?

A) ξASIR ANANAS, CHUKRAN.
Suco de abacaxi, obrigada.

B) ANA KAMAN BḪOB ECHRAB ξASIR ANANAS.
Eu também gosto de suco de abacaxi.

A) INTA KUNT BIL CHOGHIL MBĀRIḪ AL DOHER?
Você estava no trabalho ontem à tarde?

B) LA>, ANA KUNT BIL BAIT, KUNT CHUAI MARID BAS LIAUM ANA MNIḪ.
Não, eu estava em casa. Estava um pouco doente, mas hoje eu estou bem.

A) BAITAK BAξĪD MIN HAUN?
Sua casa é longe daqui?

B) LA>, MICH KTIR, BIL SAIĀRA CHI ξECHRĪN D>I>A.
Não, não muito. De carro uns vinte minutos.

A) INTA BTḪOB TESMAξ MUSI>A ξARABII?
Você gosta de ouvir música árabe?

B) Ē, KTIR, U INTI?
Sim, muito. E você?

A) ANA KAMAN, BḪOB ESMAξ BIL SAIĀRA.
Eu também, gosto de ouvir no carro.

Lição 7

VERBOS ESPECIAIS

Nas lições anteriores você aprendeu vários verbos (EKOL, ECHARAB, NĀM...) e a conjugação no presente (ANA BEKOL, INTA BTEKOL...). Como também já foi explicado, essa regra de acrescentar B, BT, BT... I etc. funciona com quase todos os verbos em árabe. Há algumas exceções que serão mostradas nesta lição.

Estes verbos, que no presente não se conjugam com B, BT, BT...I, serão denominados "verbos especiais".

São eles:

BADD...: querer
ξEND...: ter/ possuir
FIN...: poder/ conseguir
LĀZIM...: dever (obrigação)/ ter que

BADD... (querer) no presente:

ANA BADDI – eu quero
INTA BADDAK – você (m) quer
INTI BADDIK – você (f) quer
HUE BADDU – ele quer
HIE BADDA – ela quer
NAḨNA BADDNA – nós queremos

INTU BADDKUN – vocês querem
HINNI BADDUN – eles/ elas querem

Você já viu essa terminação antes, lembra? Foi quando estudou os pronomes possessivos (BAITI, BAITAK… na Lição 4)

Para dizer:

1 – Eu quero água.
→ ANA BADDI MAI.

2 – Ela não quer nada.
→ HIE MA BADDA CHI.

3 – O que você quer?
→ CHU BADDIK?

Ouça o áudio e repita a conjugação e os exemplos (faixa 49).

ξEND… (ter/ possuir) no presente:

ANA ξENDI – eu tenho
INTA ξENDAK – você (m) tem
INTI ξENDIK – você (f) tem
HUE ξENDU – ele tem
HIE ξENDA – ela tem
NAḤNA ξENDNA – nós temos
INTU ξENDKUN – vocês têm
HINNI ξENDUN – eles/ elas têm

Esse verbo também se conjuga com a terminação do possessivo.

1 – Eu tenho um carro.
→ ANA ξENDI SAIĀRA. (não existe artigo indefinido um, uma no árabe coloquial)

2 – Ele não tem filhos.
→ HUE MA ξENDU AULĀD.

3 – Vocês têm uma casa no Líbano.
→ INTU ξENDKUN BAIT BI LUBNĀN?

Ouça o áudio e repita a conjugação e os exemplos (faixa 50).

FIN... (poder/ conseguir) no presente:

ANA FINI – eu posso
INTA FIK – você (m) pode
INTI FIKI – você (f) pode
HUE FIH – ele pode
HIE FIHA – ela pode
NAḤNA FINA – nós podemos
INTU FIKUN – vocês podem
HINNI FIHUN – eles/ elas podem

Observe que a conjugação de FIN é um pouco diferente de BADD... e ξEND...

Para dizer:

1 – Eu posso ir hoje.
→ ANA FINI RUḤ LIAUM.

2 – Ela não pode/ consegue dirigir.
→ HIE MA FIHA TSU>

3 – Nós podemos comer na nossa casa.
→ NAḤNA FINA NEKOL BI BAITNA

Ouça o áudio e repita a conjugação e os exemplos (faixa 51).

LĀZIM (dever – fazer algo/ ter que):

ANA LĀZIM – eu devo/ tenho que
INTA LĀZIM – você (m) deve/ tem que
INTI LĀZIM – você (f) deve/ tem que
HUE LĀZIM – ele deve/ tem que
HIE LĀZIM – ela deve/ tem que
NAḤNA LĀZIM – nós devemos/ temos que
INTU LĀZIM – vocês devem/ têm que
HINNI LĀZIM – eles/ elas devem/ têm que

É isso mesmo! LĀZIM não tem conjugação, é igual com todos os pronomes.

Para dizer:

1 – Eu tenho que ir agora.
→ ANA LĀZIM RUḤ ESSA.

2 – Ele tem que estudar mais.
→ HUE LĀZIM IEDRUS AKTAR.

3 – Vocês devem beber só água.
→ INTU LĀZIM TECHRABU BAS MAI.

Ouça o áudio e repita a conjugação e os exemplos (faixa 52).

IMPORTANTE!

Na unidade anterior, você aprendeu que, caso use mais de um verbo na mesma frase e eles estejam diretamente ligados, você deve conjugar todos de acordo com o sujeito da frase, mas só o 1º verbo fica completo. O 2º, 3º e os demais perdem a primeira letra.

Exemplo:

Ele gosta de dormir cedo.
HUE BIḤOB ~~B~~INĀM BAKKIR.

A mesma regra se aplica quando o 1º verbo for um "verbo especial" e este for seguido de outros verbos.

Para dizer:

1 – Ele quer comer pizza.
→ HUE BADDU ~~B~~IEKOL PIZZA.

2 – Eu quero falar com Nasser.
→ ANA BADDI ~~B~~EḤKI MAξ NASSER.

3 – Eles devem ir de carro.
→ HINNI LĀZIM ~~B~~IRUḤU BIL SAIĀRA.

Vamos ver se você aprendeu!

Exercício

15) Traduza as seguintes frases para o árabe:

a) Eu não quero café, obrigado.

____

b) Aonde você (f) quer ir?

____

c) Nós temos que trabalhar hoje à noite.

____

d) Você (f) tem uma filha?

____

e) Onde eu posso comprar pão árabe?

____

f) Eles não querem dormir agora.

____

g) Você (m) tem que ler o livro.

____

h) Ela não pode ir no sábado.

____

i) Vocês podem jogar aqui.

____

j) Ele não quer morar no Líbano.

____

Ouça o áudio e repita as frases em árabe (faixa 53).

Existem palavras que utilizam a terminação do possessivo e são muito úteis, como: "com" e "sozinho/a/os/as":

MAξI – comigo
MAξAK – contigo (m)
MAξIK – contigo (f)
MAξU – com ele
MAξA – com ela
MAξNA – conosco
MAξKUN – convosco/ com vocês
MAξUN – com eles/ elas

LAḤĀLI – (eu) sozinho
LAḤĀLAK – (você – m) sozinho
LAḤĀLIK – (você – f) sozinha
LAḤĀLU – (ele) sozinho
LAḤĀLA – (ela) sozinha
LAḤĀLNA – (nós) sozinhos
LAḤĀLKUN – (vocês) sozinhos
LAḤĀLUN – (eles/ elas) sozinhos

Para dizer:

1 – Ela estava em casa sozinha ontem.
→ HIE KĀNET BIL BAIT LAḤALA MBĀRIḤ.

2 – Você (f) trabalha sozinha?
→ INTI BTECHTEGHILI LAḤALIK?

3 – Eu falo com eles todos os dias.
→ ANA BEḤKI MAƐUN KUL LIAUM.

4 – Ele mora conosco.
→ HUE BIESKUN MAƐNA.

Ouça o áudio e repita "MAƐ..., "LAḤĀL..." e os exemplos (faixa 54).

MESES DO ANO

CHA-HER – mês
ACH-HUR – meses

1) KANNUN AL TĒNI – Janeiro
2) CHBĀT – Fevereiro
3) ADHĀR – Março
4) NISSĀN – Abril
5) AIĀR – Maio
6) ḤZAIRĀN – Junho
7) TAMŪZ – Julho
8) ĀB – Agosto
9) AILUL – Setembro
10) TECHRIN AUIL – Outubro
11) TECHRIN TENI – Novembro
12) KANUN AUIL – Dezembro

Ouça o áudio e repita os meses (faixa 55).

ESTAÇÕES DO ANO

FUSUL AL SENI – estações do ano
AL CHETI – O inverno
AL RABĪξ – A primavera
AL SAIF – O verão
AL KHARĪF – O outono

O CLIMA

AL TA>S – O clima

KIF AL TA>S LIAUM? (Como está o clima hoje?)

KIF KĀN AL TA>S AL AḤAD? (Como estava o clima domingo?)

MCHAMSI – Está ensolarado.
MGHAIMI – Está nublado.
FI CHAUB – Está calor
FI BARED – Está frio
ξM BTCHATI – Está chovendo.
ξM BTETLEJ – Está nevando.

Ouça o áudio e repita as frases (faixa 56).

CONVERSAÇÃO C

Ouça e repita essas pequenas conversas entre “A” e “B” utilizando os verbos especiais ensinados nesta lição (faixa 57).

B) INTI BADDIK TEKOLI CHI?
Você quer comer algo?

A) LA>, CHUKRAN, BAS BADDI MAI.
Não, obrigada. Só quero água.

A) INTA ξENDAK UKHT?
Você tem uma irmã?

B) Ē, ξENDI, HIE ISMA SABĀḤ.
Sim, tenho. Ela se chama Sabah.

A) HIE ξENDA AULĀD?
Ela tem filhos?

B) Ē, ξENDA BINT ZGHIRI!
Sim, tem uma filha pequena!

A) FIK TRUḤ MAξI ξAL SAIDALIIE?
(Você) pode ir comigo até a farmácia?

B) Ē FINI, CHU BADDIK TECHTERI HAUNIK?
Sim, posso. O que você quer comprar lá?

A) ANA LĀZIM ECHTERI DAUA LA BAII.
Eu tenho que comprar remédio para meu pai.

B) HUE MARID?
Ele está doente?

A) LA>, BAS HUE LĀZIM IEKHOD DAUA LA UAJAξ AL RĀS KUL LIAUM.
Não, mas ele tem que tomar remédio para dor de cabeça todos os dias.

Lição 8

PRESENTE CONTÍNUO

Nesta lição você vai aprender o presente contínuo/ gerúndio dos verbos.

Para expressar uma ação que "que está acontecendo", em português, utilizamos o gerúndio dos verbos acompanhado dos verbos ser/ estar no presente.

Exemplo:
Ele está lendo o jornal agora.

Em árabe, como já foi apresentado, os verbos ser/ estar no presente não existem. O que resta para diferenciar uma frase no presente simples do presente contínuo é o próprio verbo. Em português, para formar o gerúndio acrescentam-se as desinências "... ando, endo ou indo" – dependendo da conjugação – ao radical do verbo. Em árabe, acrescenta-se "ξM" na frente do verbo.

Para dizer:

Eu estou comendo.
ANA ξM BEKOL.

Você está ouvindo?
INTI ξM BTESMAξI?

Veja aqui a conjugação completa do verbo estudar (EDRUS) no presente contínuo/ gerúndio:

ANA ξM BEDRUS	eu estou estudando
INTA ξM BTEDRUS	você (m) está estudando
INTI ξM BTEDRUSI	você (f) está estudando
HUE ξM BIEDRUS	ele está estudando
HIE ξM BTEDRUS	ela está estudando
NAḤNA ξM MNEDRUS	nós estamos estudando
INTU ξM BTEDRUSU	vocês estão estudando
HINNI ξM BIEDRUSU	eles/ elas estão estudando

Ouça o áudio e repita a conjugação (faixa 58).

A regra para qualquer verbo simples ser conjugado no presente contínuo é acrescentar os seguintes prefixos e sufixos:

ANA ξM B ____________
INTA ξM BT ____________
INTI ξM BT ____________ I
HUE ξM BI ____________
HIE ξM BT ____________
NAḤNA ξM MN ________
INTU ξM BT____________ U
HINNI ξM BI____________ U

Vamos ver se você aprendeu!

Exercício

16) Traduza as seguintes frases para o árabe:

a) Ele está bebendo suco.

____

b) Vocês estão morando com ele?

____

c) Eu não estou lendo nada.

d) Nós estamos comprando uma casa nova.

e) Você (f) está trabalhando agora?

Ouça o áudio e repita as frases em árabe (faixa 59).

Exercício

17) Traduza estas frases. Observe que algumas estão no presente simples e outras no gerúndio:

a) UAIN HUE ξM BIESKUN?

b) ANA MA BAξRIF EḤKI ξARABI.

c) HINNI ξM BIELξABU FUTBOL ESSA.

d) HIE ξM BTFAKKIR.

e) INTI BTSĀFIRI KTĪR?

f) NAḤNA ξM MNEDFAξ AL ḤISĀB.

g) INTA ξM BTESTAξMEL AL COMBIUTER ESSA?

h) HIE BTECHRAB ḤALIB U AHUI AL SOBEḤ.

i) CHU HINNI ξM BIEKOLU?

j) ANA ξM BEKTOB ESSA.

Ouça o áudio e repita as frases em árabe (faixa 60).

MEIOS DE TRANSPORTE E PALAVRAS AFINS

BITĀ>A – passagem
MAḪATIT BANZIN – posto de gasolina
MAḪATIT AL BĀS – rodoviária
MATĀR – aeroporto
MAḪATIT AL TREN – estação de trem
TAXI – táxi
SAIARIT UJRA – carro de aluguel (também táxi)
MAU>IF AL BĀS – ponto de ônibus
MAU>IF AL TAXI – ponto de táxi
CHU SEξR AL BITĀ>A – qual é o preço da passagem?
LA UAIN BIRUḪ HEDA AL BĀS? – para onde vai este ônibus?
KHAT AL METRO – linha do metrô/ trem
BADDI EKHOD TAXI – quero pegar um táxi.
ANA MISTAξJIL – eu estou com pressa
MAU>IF SAIĀRAT – estacionamento de carros
CHĀRIξ – rua
TARĪ> – estrada
BADDI EḪJOZ BITĀ>A – quero reservar uma passagem
SAIĀRA – carro
TAIĀRA – avião
TREN – trem
SAFINI – navio
DARRĀJA – bicicleta
MOTOCIKEL – motocicleta
MACHI – a pé
BAS CHUAI – só um pouco
AξMIL MAξRUF – faça-me um favor
KIF BRUḪ ξAL...? – como vou para...?
CHANTA – mala
CHANTĀT – malas
RASĪF – calçada
CHĀRIξ RA>ISI – rua principal (avenida)

Ouça o áudio e repita as expressões (faixa 61).

VERBOS 3

ZŪR - visitar
DAKHIN - fumar
EMCHI - caminhar
ERKOD - correr
UA>IF - parar
BALLISH - começar
O>ξUD - sentar
DAL - ficar
ERJAξ - voltar
SĀξID - ajudar
ERTĀḤ - descansar
ES>AL - responder
JĀUIB - responder
EDHAR - assistir
ξODH - morder
EDḤAK - rir
ETBOKH - cozinhar
EKSIR - quebrar
SALLIḤ - consertar
ERBAḤ - ganhar

Ouça o áudio e repita os verbos (faixa 62).

Exercício

18) Traduza as seguintes frases para o árabe:

a) Eu quero ir para o aeroporto.

b) Como chego à rodoviária?

c) Tenho que visitar meu pai hoje.

d) Você (f) sabe cozinhar bem?

e) Eu estou cansado, quero descansar.

Ouça o áudio e repita os advérbios de frequência e exemplos (CD1 - faixa 63).

CONVERSAÇÃO D

Pessoa "A" telefona para "B".

Ouça o áudio e repita a conversa (faixa 64).

A) CHU ξM BTAξMEL HALLA?
O que está fazendo agora?

B) ANA ξM BCHUF FILEM, U INTI?
Eu estou vendo um filme. E você?

A) ANA ξM BE>RA KITAB.
Eu estou lendo um livro.

B) INTI DĀ>IMAN BTE>RI CHI BIL LAIL?
Você sempre lê algo à noite?

A) LA> BAS MARRĀT, U INTA, BTCHUF KTIR AFLAM?
Não, só às vezes. E você, vê muitos filmes?

B) ξĀDATAN MARRA BIL USBUξ.
Geralmente uma vez por semana.

A) ξM BTEKOL U ξM BTECHRAB CHI?
Está comendo e bebendo algo?

B) Ê, ξM BEKOL BUCHĀR U ξM BECHRAB ξASĪR LAIMUN ḤĀMID.
Sim, estou comendo pipoca e bebendo suco de limão.

A) ANA ξM BEDRUS ξARABI KTIR LIAUM.
Eu estou estudando árabe todos os dias.

B) KTIR MNIḤ! U ξM BTEḤKI MAξ ḤADA?
Muito bem! E está falando com alguém?

A) Ê, MARRĀT BEḤKI ξARABI MAξ SADI>TI YARA, HIE BTESKUN ARIB MIN BAITI.
Sim, às vezes falo árabe com minha amiga Yara. Ela mora perto da minha casa.

Lição 9

PASSADO CONTÍNUO

Para expressar ações que "estavam acontecendo" num certo tempo no passado, usa-se o passado contínuo, que é composto pelos verbos ser/ estar no passado mais o gerúndio do verbo principal.

Para dizer:

Eu estava trabalhando ontem à noite.
ANA KUNT ξM BECHTEGHIL MBĀRIḪ BIL LAIL.

Eles estavam comendo só pão.
HINNI KANU ξM BIEKOLU BAS KHOBZ.

A fórmula para construir frases no passado contínuo é:

ANA KUNT INTA KUNT INTI KUNTI HUE KĀN HIE KANET NAḪNA KUNNA INTU KUNTU HINNI KĀNU	} + ξM + verbo (conjugado com a regra dos "B")

Exemplos:

ANA KUNT ξM BEDRUS – eu estava estudando
INTA KUNT ξM BTEDRUS – você (m) estava estudando
INTI KUNTI ξM BTEDRUSI – você (f) estava estudando
HUE KĀN ξM BIEDRUS – ele estava estudando
HIE KANET ξM BTEDRUS – ela estava estudando
NAḪNA KUNNAξ M MNEDRUS – nós estávamos estudando
INTU KUNTU ξM BTEDRUSU – vocês estavam estudando
HINNI KĀNU ξM BIEDRUSU – eles/ elas estavam estudando

Ouça o áudio e repita a conjugação (faixa 65).

Vamos ver se você aprendeu!

Exercício

19) Traduza as seguintes frases para o árabe (todas estão no passado contínuo):

a) Ela estava falando com ele de manhã.

____

b) Vocês estavam ouvindo música.

____

c) Eu não estava lendo ontem à noite.

____

d) O que você (f) estava bebendo?

____

e) Eles não estavam usando o computador.

____

Ouça o áudio e repita as frases (faixa 66).

Exercício

20) Traduza estas frases para o português. Preste atenção! Para treiná-las melhor, há três tipos de frase em três tempos verbais estudados até aqui:

a) NAḤNA MNḤOB NSĀFIR.

b) HUE ξM BIJIB AL KITĀB.

c) INTU BTESKUNU BI Curitiba?

d) INTA BTFI> BAKKIR AL AḤAD?

e) HIE KANET ξM BTBIξ BAITA.

f) ANA KUNT ξM BEGHSIL AL SAIARA.

g) HINNI ξM BIEḤDARU TALFAZION ESSA.

h) INTU BTELBISU JEANS KUL LIAUM?

i) CHU INTI ξM BTETBOKHI?

j) ANA BAξRIF EKTOB MNIḤ.

Ouça o áudio e repita as frases (faixa 67).

VERBOS 4

EJLI – lavar a louça
EMSAḤ – passar pano
ESTA>JIR – alugar
ETḤAMMAM – tomar banho
EMDHI – assinar
NADDIF – limpar
EKUI – passar roupa
EξZIM – convidar
EDRIB – bater
EξLIK – mastigar

KHABBI – guardar
ENSAḤ – engordar
MACHIT – pentear
ENSA – esquecer
EMZAḤ – fazer piadas/ brincar
DAMMIR – destruir
TALFIN – telefonar
ZIT – jogar fora

Ouça o áudio e repita os verbos (faixa 68).

NÚMEROS DE 20 – 100

11 – ḤDAξCH
12 – TNξACH
13 – TLETAξCH
14 – ARBAξTAξCH
15 – KHAMSTAξCH
16 – SETTAξCH
17 – SABAξTAξCH
18 – TMENTAξCH
19 – TESAξTAξCH
20 – ξECHRĪN
30 – TLETĪN
40 – ARBAξĪN
50 – KHAMSĪN
60 – SETTĪN
70 – SABξĪN
80 – TMENĪN
90 – TESξĪN
100 – MIIE

Ouça o áudio e repita esses números (faixa 69).

Atenção! Em árabe, os números entre 21 e 99 são lidos/ falados ao contrário.

Para dizer:

23 – vinte e três = TLETE U ξECHRIN (três e vinte)
59 – cinqüenta e nove = TESξA U KHAMSĪN (nove e cinquenta)

Vamos ver se você aprendeu!

Exercício

21) Escreva os seguintes números em árabe:

a) 28 = ____________________
b) 34 =____________________
c) 46 = ____________________
d) 51 = ____________________
e) 63 = ____________________
f) 79 = ____________________
g) 81 = ____________________
h) 99 = ____________________
i) 100 = ____________________
j) 17 = ____________________

Ouça o áudio e repita os seguintes números (faixa 70).

Na escrita árabe raramente são usados estes dígitos (1, 2, 3 etc.) para simbolizar os números. É mais comum ver estes números:

٠ – 0   ١ – 1   ٢ – 2   ٣ – 3   ٤ – 4

٥ – 5   ٦ – 6   ٧ – 7   ٨ – 8   ٩ – 9

Mas hoje em dia, com a globalização e o grande número de turistas que os países árabes recebem, é comum ver o uso das duas formas de escrita.

Esses números de estabelecimentos, placas de automóveis, agendas etc. aparecem assim:

98 = ٩٨
375 = ٣٧٥
6420 = ٦٤٢٠

LAUN/ ALUĀN (COR/ CORES)

MASCULINO

AZRA> – azul
AḤMAR – vermelho
AKHDAR – verde
ASUID – preto
ABIAD – branco
RMĀDI – cinza
BĒJ – bege
BENNI – marrom
BANAFSAJI – violeta
LAIMUNI – laranja
LAILAKI – roxo
ZAHER – rosa
DAHABI – dourado

FEMININO

ZAR>A – azul
ḤAMRA – vermelha
SAFRA – amarela
KHADRA – verde
SAUDI – preta
BAIDA – branca
RMĀDII – cinza
BĒJ – bege

BENNII - marrom
BANAFSAJII - violeta
LAIMUNII - laranja
LAILAKIIE - roxa
ZAHRA - rosa
DAHABIIE - dourada

Para dizer que uma cor é "escura" ou "clara" usa-se:

FĀTEḤ - claro
GHĀMI> - escuro

AZRA> FĀTEḤ – azul-claro

ASFAR GHĀMI> – amarelo-escuro

Ouça o áudio e repita os nomes das cores (faixa 71).

CONVERSAÇÃO E

Duas pessoas, "A" e "B" conversam sobre o que estavam fazendo no dia anterior:

Ouça o áudio e repita a conversa (faixa 72).

A) CHU KUNT ξM BTAξMEL MBĀRIḤ AL DOHER?
O que você estava fazendo ontem à tarde?

B) AL DOHER ANA KUNT ξM BEKTOB E-MAIL LA SADI>I ξOMAR, U INTI?
À tarde eu estava escrevendo um e-mail para meu amigo Omar, e você?

A) ANA KUNT ξM BCHUF TALFAZION.
Eu estava vendo televisão.

B) INTI KUNTI LAḪĀLIK?
Você estava sozinha?

A) LA>, UKHTI U ZAUJA KANU MAξI.
Não, minha irmã e o marido dela estavam comigo.

B) U MBĀRIḪ BIL LAIL, CHU KUNTI ξM BTAξMELI?
E ontem à noite, o que você estava fazendo?

A) ANA KUNT ξM BETξACHA BIL MATξAM, U INTA?
Eu estava jantando no restaurante, e você?

B) ANA KUNT ξM BEḪKI MAξ IMMI BIL TALAFON.
Eu estava falando com minha mãe ao telefone.

Lição 10

HORAS

Para perguntar as horas se diz:

ADDAICH AL SEξA HALLA? (Que horas são agora?)

Para perguntar a que horas alguém faz algo se diz:

AIIA SEξA INTA BTEDRUS ξARABI? (A que horas você estuda árabe?)

AIIA SEξA HUE BIRUḤ ξAL CHOGHIL? (A que horas ele vai para o trabalho?)

Perceba a diferença entre:

ADDAICH AL SEξA HALLA?
Que horas são agora?

e

AIIA SEξA INTA...?
A que horas você (m)...?

No dia a dia, as horas em árabe são ditas ou lidas de cinco em cinco minutos, ou seja, arredonda-se de cinco em cinco. Quando são 9h08, é comum alguém dizer 9h10, ou se forem 10h32 dizer 10h30. Talvez o motivo seja que até há alguns anos os relógios, em sua maioria absoluta, eram de ponteiros (e não digitais), o que levava a uma leitura não tão precisa das horas. É claro que hoje em dia, especialmente em lugares onde os minutos devem ser contados com precisão (estações de trem, aeroportos, hospitais etc.), ouve-se e fala-se 9h08, 10h32 etc.

Primeiro apresentaremos os modos mais comuns e usuais de dizer as horas.

ADDAICH AL SEξA HALLA? (Que horas são agora?)

a) 7h00 ESSA AL SEξA SABξA.
Agora são sete horas.

b) 7h05 ESSA AL SEξA SABξA U KHAMSE.
Agora são sete e cinco.

c) 7h10 ESSA AL SEξA SABξA U ξACHARA.
Agora são sete e dez.

d) 7h15 ESSA AL SEξA SABξA U RUBAξ.
Agora são sete e quinze. (um quarto)

e) 7h20 ESSA AL SEξA SABξA U TULT.
Agora são sete e vinte. (um terço)

f) 7h25 ESSA AL SEξA SABξA U NOSS ILLA KHAMSE.
Agora são sete e vinte cinco. (e meia menos cinco)

g) 7h30 ESSA AL SEξA SABξA U NOSS.
Agora são sete e meia. (30 minutos)

Então:

RUBAξ: quarto (1/4) = 15 minutos
TULT: terço (1/3) = 20 minutos
NOSS: meia (1/2) = 30 minutos

Ouça o áudio e repita as perguntas e as horas (faixa 73).

ADDAICH AL SEξA HALLA? (Que horas são agora?)

7h35 ESSA AL SEξA SABξA U NOSS U KHAMSE.
Agora são sete e trinta e cinco.
(Agora são sete horas e meia e cinco.)

7h40 ESSA AL SEξA TMENI ILLA TULT.
Agora são vinte para as oito.
(Agora são oito horas menos um terço.)

7h45 ESSA AL SEξA TMENI ILLA RUBAξ.
Agora são quinze para as oito.
(Agora são oito horas menos um quarto.)

7h50 ESSA AL SEξA TMENI ILLA ξACHARA.
Agora são dez para as oito.
(Agora são oito horas menos dez.)

7h55 ESSA AL SEξA TMENI ILLA KHAMSE.
Agora são cinco para as oito.
(Agora são oito horas menos cinco.)

Perceba a diferença entre os falantes de língua portuguesa e os de língua árabe. São formas diferentes de falar as horas. Veja outros exemplos abaixo:

7h40 Vinte para as oito
Ou seja, fala-se quantos minutos faltam para a próxima hora.

Já em árabe:

7h40 TMENI ILLA TULT. (oito menos vinte)
Ou seja, a próxima hora menos quantos minutos.

Ouça o áudio e repita as horas (faixa 74).

Vamos ver se você aprendeu!

Exercício

22) Diga que horas são:

a) 5h30

---

b) 3h15

---

c) 10h05

---

d) 9h40

---

e) 12h00

---

f) 4h45

---

g) 6h35

---

h) 7h20

---

i) 11h50

---

j) 8h55

Ouça o áudio e repita as horas (faixa 75).

DATAS

LIAUM CHU? (Hoje é que dia?)

LIAUM TNAξCH AIĀR. (Hoje é 12 de maio.)

MBĀRIḤ KĀN CHU? (Ontem era que dia?)

MBĀRIḤ KAN AIIA LIAUM? (Ontem era qual dia?)

MBĀRIḤ KAN KHAMSI U ξECHRĪN TAMŪZ. (Ontem era 25 de julho.)

AIIA LIAUM INTA RAḤ TKUN BIL UTEL? (Que dia você vai estar no hotel?)

ANA RAḤ KUN HAUNIK MIN TESξA ḤATA ξECHRIN AILUL. (Eu vou estar lá de 9 até 20 de setembro.)

No árabe coloquial, é comum citar os meses em números, de 1 a 12, em vez de seus nomes.

Exemplo:

Eu estava no Líbano em agosto.
ANA KUNT BI LUBNĀN BI ĀB.

Ou

ANA KUNT BI LUBNĀN BI CHA-HER TMENI.

Ouça o áudio e repita (faixa 76).

DATAS FESTIVAS

AIIA LIAUM...? (que dia...?)
AIIA CHA-HER...? (que mês...?)
AIIA SENI...? (que ano...?)
MIN USBUξ. (há uma semana)
MIN CHAH-RAIN (há dois meses)
MIN KHAMSTAξCHAR SENI (há quinze anos)
ξOTLI – feriado/ férias
ξĪD AL MILĀD – Natal
ξĪD AL FOSEḤ – Páscoa
ξĪD AL ADḤA – festa do fim da peregrinação a Meca
ξĪD AL FOTR – festa do fim do mês de Ramadan
ξĪD MAULID AL NABI – festa do nascimento do profeta Mohammad
ξĪD RAS AL SENI – festa da virada do ano
ξĪD AL UM – dia das mães
ξĪD AL ISTI>LĀL – dia da independência
ξĪD MILĀD – aniversário

Para dizer:

Meu aniversário: ξĪD MILĀDI
Seu (m) aniversário: ξĪD MILADAK
Aniversário dela: ξĪD MILADA

(basta acrescentar a terminação do possessivo à palavra MILĀD...)

AMTI ξĪD MILĀDAK? (Quando é o seu (m) aniversário?)

ξĪD MILADI BI KHAMSTAξCH ADHĀR. (Meu aniversário é em 15 de março.)

Ou

ξĪD MILĀDI BI KHAMSTAξCH CHA-HER TLETE. (Meu aniversário é em 15 do mês 3.)

AIIA SENI INTA KHLE>ET? (Que ano você nasceu?)

ANA KHLE>T BI SENIT ALF U TESAξMIIE U ARBAξA U SABξĪN. (Eu nasci em 1974.)

Ouça o áudio e repita as frases (faixa 77).

NÚMEROS DE CEM EM DIANTE

100 – MIIE
101 – MIIE U UAḤAD
102 – MIIE U TNAIN
109 – MIIE U TESξA
120 – MIIE U ξECHRĪN
125 – MIIE U KHAMSE U ξECHRIN
(lembre-se de que os números de 21 a 99 são lidos ao contrário)
159 – MIIE U TESξA U KHAMSĪN
200 – MITAIN
300 – TLETMIIE
400 – ARBAξMIIE
500 – KHAMSMIIE
600 – SETMIIE
700 – SABAξMIIE
800 – TMENMIIE
900 – TESAξMIIE
1000 – ALF
1400 – ALF U ARBAξMIIE
1460 – ALF U ARBAξMIIE U SETTĪN
1463 – ALF U ARBAξMIIE U TLETE U SETTĪN
2000 – ALFAIN
3000 – TLETALĀF
4000 – ARBAξTALĀF

5000 – KAMSTALĀF
6000 – SETALĀF
7000 – SABAξTALĀF
8000 – TMENTALĀF
9000 – TESAξTALĀF
10000 – ξACHARTALĀF
10850 – ξACHARTALĀF TMENMIIE U KHAMSĪN
10857 – ξACHAR TALĀF TMENMIIE U SABξA U KHAMSĪN

Ouça o áudio e repita os números (faixa 78).

Vamos ver se você aprendeu!

Exercício

23) Escreva os seguintes números por extenso:

a) 4

____

b) 14

____

c) 40

____

d) 400

____

e) 4000

____

f) 57

____

g) 680

____

h) 923

____

i) 1985

____

j) 7264

Ouça o áudio e repita os números (faixa 79).

FUTURO DO VERBO "ESTAR"

ANA RAḤ KUN - eu vou estar
INTA RAḤ TKUN - você (m) vai estar
INTI RAḤ TKUNI - você (f) vai estar
HUE RAḤ IKUN - ele vai estar
HIE RAḤ TKUN - ela vai estar
NAḤNA RAḤ NKUN - nós vamos estar
INTU RAḤ TKUNU - vocês vão estar
HINNI RAḤ IKUNU - eles/ elas vão estar

Para dizer:

1 - Eu vou estar em casa amanhã à tarde.
→ ANA RAḤ KUN BIL BAIT BUKRA AL MASA.

2 - Ele vai estar muito cansado à noite.
→ HUE RAḤ IKUN KTĪR TAƐBĀN BIL LAIL.

3 - Vocês vão estar sozinhos lá?
→ INTU RAḤ TKUNU LAḤĀLKUN HAUNIK?

Ouça o áudio e repita as frases (faixa 80).

NEGATIVO

Usa-se "MA" antes do verbo.

ANA MA RAḤ KUN BIL CHOGHIL AL TANAIN.
Eu não vou estar no trabalho na segunda.

INTERROGATIVO

As palavras mantêm a mesma posição da frase afirmativa, o que muda é apenas o tom de voz.

Ela vai estar no aeroporto amanhã cedo?
HIE RAḤ TKUN BIL MATĀR BUKRA BAKKIR?

Vamos ver se você aprendeu!

Exercício

24) Traduza as seguintes frases para o árabe:

a) Ele vai estar aqui amanhã.

____

b) Eles vão estar na loja no domingo.

____

c) Onde você (f) vai estar na sexta à noite?

____

d) Você (m) vai estar com o carro?

____

e) Nós não vamos estar em casa no sábado.

____

Ouça o áudio e repita as frases (faixa 81).

REVISÃO GERAL 2

Como explicado na Revisão geral 1, o objetivo dessas revisões é rever e praticar os conteúdos das últimas cinco lições.

Tente fazer os exercícios sem consultar as lições anteriores para avaliar o quanto você sabe. Se achar necessário, estude por algum tempo e faça esta revisão como uma espécie de prova.

Ao terminar consulte as respostas no final do livro.

Exercício de revisão geral

4) Traduza as seguintes frases para o português e leia em voz alta as frases em árabe:

a) HUE BADDU KHOBZ.

b) ANA ƐENDI BAIT BI LUBNĀN.

c) HIE MA FIHA TRUḤ LAḤĀLA.

d) INTA BTEKOL SALATA KUL LIAUM?

e) ANA MA BECHRAB AHUI BIL LAIL.

f) HUE ƐM BIE>RA HALLA.

g) ANA KUNT ξM BEKTOB.

h) INTA BTḤOB TECHRAB ξASIR TUFĀḤ?

i) LA UAIN HINNI BIḤOBU ISĀFIRU?

j) ANA BEḤKI ξARABI MNIḤ.

Exercício de revisão geral

5) Como se diz em árabe:

a) suco de laranja

b) carne assada

c) ovos fritos

d) melancia

e) uva

f) tomate

g) cebola

h) gostar

i) pagar

j) começar

k) terça-feira

l) às vezes

m) azul

n) Natal

o) meu aniversário

Exercício de revisão geral

6) Escreva os seguintes números e horas em árabe e leia-os em voz alta:

a) 30

b) 45

c) 100

d) 597

e) 1000

f) 8623

g) 10h30

h) 4h20

i) 9h45

j) 8h10

Exercício de revisão geral

7) Responda em árabe as seguintes perguntas e leia-as em voz alta:

a) ADDAICH AL SEξA HALLA?

b) AIIA SEξA INTA BTFI> AL SABT?

c) AMTI ξĪD MILĀDAK?

d) CHU RA>AM BAITAK?

e) CHU RA>AM TALAFONAK?

f) INTA ξENDAK SAIĀRA?

g) INTA BADDAK AHUI?

h) INTA LĀZIM TECHTEGHIL BUKRA?

i) INTA BTḤOB TECHRAB NBĪD?

j) INTA BADDAK TEDRUS ξARABI BI LUBNĀN?

Lição 11

O FUTURO

Como na língua portuguesa, há mais de uma maneira de expressar o futuro. Também similar ao português coloquial, no árabe coloquial a forma mais comum de falar do futuro é o “vou fazer”, ou seja, utiliza-se o verbo auxiliar ir (vou, vai, vamos etc.) com o verbo desejado.

Em árabe usa-se um único auxiliar que é o “RĀḤ” (independentemente do sujeito) e o verbo desejado conjugado de acordo com o sujeito, sem a primeira letra.

Lembre-se da regra: quando dois verbos aparecem consecutivamente, o segundo também é conjugado, mas perde a primeira letra (lição 6).

Para dizer:

Eu vou viajar: ANA RĀḤ ~~B~~SĀFIR

Você (m) vai viajar: INTA RĀḤ ~~B~~TSTAFIR

Você (f) vai viajar: INTI RĀḤ ~~B~~TSĀFIRI

Ele vai viajar: HUE RĀḤ ~~B~~ISĀFIR

Ela vai viajar: HIE RĀḤ ~~B~~TSĀFIR

Nós vamos viajar: NAḤNA RĀḤ ~~M~~NSĀFIR

Vocês vão viajar: INTU RĀḤ ~~B~~TSĀFIRU

Eles/ Elas vão viajar: HINNI RĀḤ ~~B~~ISĀFIRU

Veja outro exemplo:

ANA RĀḤ FI> – eu vou acordar

INTA RĀḤ TFI> – você (m) vai acordar

INTI RĀḤ TFI>I – você (f) vai acordar

HUE RĀḤ IFI> – ele vai acordar

HIE RĀḤ TFI> – ela vai acordar

NAḤNA RĀḤ NFI> – nós vamos acordar

INTU RĀḤ TFI>U – vocês vão acordar

HINNI RĀḤ IFI>U – eles/ elas vão acordar

A regra para qualquer verbo simples ser conjugado no futuro é acrescentar "RĀḤ" e os seguintes prefixos e sufixos:

ANA RĀḤ ____________
INTA RĀḤ T __________
INTI RĀḤ T __________ I
HUE RĀḤ I __________
HIE RĀḤ T __________
NAḤNA RĀḤ N ______
INTU RĀḤ T _________ U
HINNI RĀḤ I _________ U

Expressões que exprimem o futuro:

BUKRA - amanhã
USBUξ AL JEII - semana que vem
CHA-HER AL JEII - mês que vem
SENI AL JEII - ano que vem

Ouça o áudio e repita (faixa 82).

FUTURO NO AFIRMATIVO

1 – Eu vou trabalhar amanhã.
→ ANA RĀḤ ECHTEGHIL BUKRA.

2 – Eles vão comer no restaurante.
→ HINNI RĀḤ IEKOLU BIL MATξAM.

FUTURO NO NEGATIVO

1 – Ele não vai ficar aqui hoje.
→ HUE MA RĀḤ IDAL HAUN LIAUM.

2 – Vocês não vão gostar da comida.
→ INTU MA RĀḤ TḤOBU AL AKEL.

FUTURO NA INTERROGATIVA

1 – Você (f) vai viajar na sexta?
→ INTI RĀḤ TSAFIRI AL JOMξA?

2 – Ele vai estudar na Europa?
→ HUE RĀḤ IEDRUS BI EUROPA?

Ouça o áudio e repita as frases (faixa 83).

Vamos ver se você aprendeu!

Exercício

25) Traduza as seguintes frases para o árabe:

a) Eu vou fazer a tarefa.

b) Você (f) vai comprar a casa.

c) Ele não vai beber nada.

d) Onde você (m) vai morar?

e) Nós não vamos começar na quinta.

f) Eles vão pagar amanhã.

g) Vocês vão abrir a loja sábado?

h) Eu não vou trazer meu filho amanhã.

i) Ele vai jogar futebol semana que vem.

j) Eu vou falar bem árabe.

Ouça o áudio e repita as frases (faixa 84).

AL JISM – O CORPO

RĀS – cabeça
CHAξR – cabelo
EDIN – orelha/ ouvido
UEJEH – rosto
MANAKHIR – nariz
ξAIN – olho
ḤALA> ou TIM – boca

NIRI - gengiva
SIN - dente
SNĀN - dentes
LISĀN - língua
CHFĀF - lábios
RA>ABI - pescoço
KTĀF - ombros
SEDR - peito/ tórax
DAHER - costas
BATEN - barriga
DEREξ - braço
KUξ- cotovelo
ĪD - mão
USBAξ - dedo
DAFĪR - unha
SĀK - perna
REKBI - joelho
IJR - pé
CHAUĀRIB - bigode
LEḤIE - barba
ALB - coração
RŪḤ - alma
ZALAξIM - garganta
DAM - sangue

Ouça o áudio e repita as palavras (faixa 85).

PROFISSÕES

CHU INTA BTECHTEGHIL?
Em que você trabalha?

CHU MEHENTAK?
Qual é sua profissão?

Em relação às profissões, em árabe geralmente a pessoa diz que trabalha em um determinado lugar. Por exemplo:

ANA BECHTEGHIL BIL BANEK. (Eu trabalho no banco.)

HUE BIECHTEGHIL BI MAKTIB SAFRIĀT. (Ele trabalha numa agência de turismo.)

ḤĀKIM – juiz
MUḤĀMI – advogado
ISTĀZ – professor
TABĪB – médico
SAḤAFI – jornalista
MUDĪR – diretor
MUḤĀSIB – contador
ḤALLĀ> – barbeiro
KUAFERA – cabeleireira
TABIB ASNĀN – dentista
TĀJIR – comerciante
RAJUL AξMĀL – empresário
SĀNξA – empregada doméstica
CHURTI/ BULĪSI – policial
MUZĀRIξ – agricultor
KĀTIB – escritor
MSAUIR – fotógrafo
BAIĀξ– vendedor
DAHĀN – pintor
NAJĀR – marceneiro
MUMARID – enfermeiro
MUMARIDA – enfermeira
RA>ĪS CHERKI – presidente de empresa
CHUFER – motorista
MUAZAF – funcionário
MUAZAF ḤUKUMI – funcionário público
CHAGHĪL – empregado
MSALIḤ SAIĀRĀT ou MIKĀNĪK – mecânico

ξASKARI - militar
MHANDIS - engenheiro

Ouça o áudio e repita as palavras (faixa 86).

SAUDAÇÕES 4

A) MABRŪK! - Parabéns!

B) ALLĀH IBĀRIK FIKI! - Deus nos abençoe com sua presença!

Situação: "B" espirra e "A" diz:

B) "Atchim!"

A) SAḤḤA! - Saúde!

B) ξA ALBAK. - Para teu (m) coração.

Situação: "A" vê "B" comendo ou bebendo algo, então diz:

A) SAḤTAIN! - De bom proveito!

B) TFADDAL! - Sirva-se!

A) CHUKRAN! - Obrigado!

Situação: "A" vê "B" trabalhando, chega e cumprimenta assim:

A) ALLA IAξTIK AL ξĀFI! - Deus lhe dê disposição!

B) ALLA IAξFIKI! - Deus lhe dê saúde!

Ouça o áudio e repita as saudações (faixa 87).

CONVERSAÇÃO F

Ouça o áudio e repita estas duas conversações entre "A" e "B" falando sobre atividades futuras:

A) CHU RĀḤ TAξMEL LIAUM BIL LAIL?
O que vai fazer hoje à noite?

B) ANA RĀḤ DAL BIL BAIT U CHUF FILEM U INTI?
Vou ficar em casa e ver um filme, e você (f)?

A) ANA RĀḤ EDHAR MAξ NASSER, NAḤNA RĀḤ NETξACHA BARRA.
Eu vou sair com Nasser, nós vamos jantar fora.

B) U BAξDAIN INTU RĀḤ TRUḤU AL CINEMA?
E depois vocês vão ao cinema?

A) LA>, BAξDAIN RĀḤ NZUR AMIRA.
Não, depois nós vamos visitar Amira.

A) INTA RĀḤ TSĀFIR ĀKHIR AL SENI?
Você vai viajar no final do ano?

B) Ê, RĀḤ NSĀFIR ξAL BAḤER.
Sim, vamos viajar para a praia.

A) U KIF RĀḤ TSĀFIRU?
E como vão viajar?

B) RĀḤ NSĀFIR BIL SAIARA, ANA RĀḤ SŪ> CHUAI U MARTI RĀḤ TSU> CHUAI.
Vamos viajar de carro, eu e minha mulher vamos dirigir um pouco.

A) ADDAICH RĀḤ TDALU HAUNIK?
Quanto tempo vão ficar lá?

B) NAḤNA RĀḤ NDĀL BAS USBUξ.
Nós vamos ficar só uma semana.

B) U INTI CHU RĀḤ TAξMELI BIL ξOTLI?
E você (f), o que vai fazer nas férias?

A) ANA RĀḤ DAL HAUN U IEMKIN RĀḤ ECHTEGHIL BIL MUSTACHFA.
Eu vou ficar aqui e talvez vou trabalhar no hospital.

Ouça o áudio e repita os diálogos (faixa 88).

Lição 12

ROUPAS E ACESSÓRIOS

THIĀB ou AUĒξI – roupas
UBAξA – chapéu
TA>IIE – boné
AMĪS – camisa
AMĪS NOS KOM – camisa manga curta
KANZI – camiseta
BLUZI – blusa
MIξTAF ou JAKET – jaqueta
KABBŪT – casaco
BANTALON – calça
DĀIER – saia
TANNURA – saia curta
FUSTĀN – vestido
KFUF – luvas
SUBBĀT – sapato
ALCHIN ou KALSĀT – meias
ḤIZĀM ou ICHĀT – cinto
BADLI – terno
TA>AM – conjunto
AUĒξI TAḤTANIIE – roupas íntimas
SEDRIIE – sutiã
KILOT – calcinha
KALSAUN – cueca
MOCHT – pente

FURCHEII – escova
BAJAMA – pijama
CHAḤĀTA – chinelo
JAZMI – bota
SKARBINE – sapato feminino de salto
JUZDĀN – carteira ou bolsa
ḤIJĀB – lenço de cabeça – véu
ξABEII – roupa longa típica árabe
SĀξA – relógio
KHĀTIM – anel
ḤALA> – brinco
SUĀRA – bracelete
SUNSLI – corrente
CHAMSIIE – guarda-chuva
EMĀCH – tecido
SŪF – lã
>OTN – algodão
ḤARĪR – seda

CHU SIξR HEDA AL ______________?
Qual é o preço deste ______________?

ξAM DAUIR ξA ______________.
Estou procurando um/uma __________.

INTU ξENDKUN ______________?
Vocês têm ______________________?

FINI JARRIB HEDA AL ____________?
Posso experimentar este ______?

Ouça o áudio e repita as frases (faixa 89).

COMPARATIVO DOS ADJETIVOS

Nesta lição você vai aprender a formular frases comparativas, ou seja, será capaz de dizer:

"O Brasil é maior que a Argentina";
"Meu pai é mais alto que minha mãe"
ou
"Falar é mais importante que escrever".

Em árabe não há uma regra, mas um padrão. Praticamente todos os adjetivos, quando se tornam comparativos, transformam-se numa palavra de duas sílabas que geralmente começa com "A", mantendo as consoantes e substituindo as demais vogais por "A".

Exemplo:

TAUIL é alto, ATUAL é mais alto.

Para dizer:

Meu pai é mais alto **que** minha mãe:
BAII ATUAL **MIN** IMMI.

Adjetivos	**Comparativos**
TAUIL – alto	ATUAL – mais alto
ASĪR – baixo	A>SAR – mais baixo
NĀSEḪ – gordo	ANSAḪ – mais gordo
DAξĪF – magro	ADξAF – mais magro
TAIIB – gostoso	ATIAB – mais gostoso
JDID – novo	AJDAD – mais novo
ξATI> – velho	AξTA> – mais velho
KBĪR – grande	AKBAR – maior
ZGHĪR – pequeno	AZGHAR – menor
ERKHĪS – barato	ARKHAS – mais barato

GHĀLI – caro
FA>ĪR – pobre
GHANI – rico
SAξB – difícil
HAIIN – fácil
SOKHEN – quente
BĀRID – frio
ḤELU – bonito

BICHξ – feio
R>I> – fino
SMĪK – grosso
NDĪF – limpo
UOSEKH – sujo
GHĀMI> – escuro
FĀTEḤ – claro
TH>ĪL – pesado
KHAFIF – leve
ZAKI – inteligente
ḤMAR – burro
MUHIM – importante
MNIḤ – bom
BAKKIR – cedo
BASĪT – simples
BAξĪD – longe
ARĪB – perto

AGHLA – mais caro
AF>AR – mais pobre
AGHNA – mais rico
ASξAB – mais difícil
AHUIN – mais fácil
ASKHAN – mais quente
ABRAD – mais frio
AḤLA ou AJMAL – mais bonito
ABCHAξ – mais feio
ARA> – mais fino
ASMAK – mais grosso
ANDAF – mais limpo
AUSAKH – mais sujo
AGHMA – mais escuro
AFTAḤ – mais claro
ATH>AL – mais pesado
AKHAF – mais leve
AZKA – mais inteligente
AḤMAR – mais burro
AHAM – mais importante
AḤSAN – melhor
ABKAR – mais cedo
ABSAT – mais simples
ABξAD – mais longe
A>RAB – mais perto

Para dizer:

1 – Inglês é mais difícil que o árabe:
→ INGLIZI ASξAB MIN AL ξARABI.

2 – Ele estava mais gordo.
→ HUE KAN ANSAḤ.

3 – Onde é mais caro, aqui ou lá?
→ UAIN AGHLA, HAUN AU HAUNIK?

Ouça o áudio e repita as frases (faixa 90).

Vamos ver se você aprendeu!

Exercício

26) Traduza as seguintes frases para o árabe:

a) Meu irmão é mais magro que meu pai.

b) O Brasil é mais rico que a Argentina.

c) Hoje não está mais frio que ontem.

d) Ângela é mais bonita que Mirian.

e) O que é mais gostoso?

Ouça o áudio e repita as frases em árabe (faixa 91).

Exercício

27) Traduza as seguintes frases:

a) MAḤALU AKBAR MIN MAḤALA.

b) HIE ʕENDA SAIĀRA AJDAD.

c) BAITI A>RAB MIN BAITUN.

d) Porto Alegre AZGHAR MIN São Paulo.

e) AL THANAIN ANA BFI> ABKAR.

SUPERLATIVO DOS ADJETIVOS

No comparativo, fazemos a comparação entre dois termos. Dizemos que A é mais alguma coisa que B.

Já no superlativo, usamos entre três ou mais. Usa-se para dizer que A é o/ a mais alguma coisa que todos os outros.

Exemplo:

O Sílvio é mais rico que o Alberto. (comparativo)

O Bill Gates é o homem mais rico do mundo. (superlativo)

Em árabe, o superlativo do adjetivo é igual ao comparativo, quer dizer, é a mesma palavra. A diferença está na construção da frase e no complemento dela.

No comparativo, geralmente mencionam-se os dois que estão sendo comparados:

Sílvio AGHNA **MIN** Alberto.
Sílvio é mais rico **que** Alberto.

No superlativo, menciona-se de um lado o destaque e, do outro, o grupo em que se destacou:

BILL GATES AGHNA **RAJUL** BIL ƐĀLAM.
Bill Gates é o mais rico **homem** do mundo.

AL BURJ ATIAB **MATƐAM** BI BEIRUT.
"AL BURJ" é o mais gostoso **restaurante** de Beirute.

Vamos ver se você aprendeu!

Exercício

28) Traduza as seguintes frases:

a) São Paulo AKBAR MADINE BIL BRAZIL.

b) Foz do Iguaçu AJMAL BALAD BI Paraná.

c) Gisele AJMAL Top model BIL ξĀLAM.

d) Amir ATUAL TILMIZ BIL SAF.

e) AL Vaticano AZGHAR DAULE BIL ξĀLAM.

Ouça o áudio e repita as frases em árabe (faixa 92).

VERBOS 5

ESTA>BIL – receber
EKSIR – quebrar
EN>OL – copiar
ECHξOR – sentir
FADDIL – preferir
>UL – dizer
GHANNI – cantar
O>ξUD – sentar
SEUI – arrumar
SALLIḤ – concertar
AξTI – dar
ESKHUN – esquentar
ξAIIT – gritar (para ou com alguém)
SARRIKH – gritar
LAZZE> – colar
DAUI – ligar (luz)
DAUIR – ligar (equipamento)

ETFI - desligar
KHAZZI - rasgar
EξLIK - mastigar
EBLAξ - engolir
CHOD - puxar
EDFUCH - empurrar

Ouça o áudio e repita as palavras (faixa 93).

Lição 13

PRETÉRITO PERFEITO – PASSADO

A partir desta lição você vai aprender a se expressar no passado.

Nas lições anteriores, você aprendeu o presente, os contínuos e o futuro a partir da "raiz" do verbo. "Raiz" é a forma como são denominados neste livro os verbos neste formato:

SĀFIR – viajar
EKOL – comer
ECHRAB – beber
CHUF – ver
etc.

Então, no presente:

Ele come. – HUE BIEKOL.

Nos contínuos:

Ele está bebendo. – HUE ξM BIECHRAB.
Ele estava vendo. – HUE KAN ξM BICHUF.

E no futuro:

Ele vai viajar. – HUE RĀḤ ISAFIR.

Para aprender a falar no passado, precisa-se aprender outra forma de verbo, que será utilizada como base para conjugá-los no passado com os pronomes.

Essa nova forma é chamada de infinitivo.

Então:

Raiz	**Infinitivo**
EKOL	AKALA
ECHRAB	CHARIBA
SĀFIR	SĀFARA

A tradução das duas formas é idêntica.

Então:

EKOL é comer e AKALA também é comer.
SĀFIR é viajar e também é SĀFARA viajar.

A única diferença é que a "raiz" é utilizada para vários tempos verbais (presente, contínuos e futuro, vistos até aqui) e o infinitivo para o passado. A regra é a seguinte:

Com o infinitivo do verbo viajar (SĀFARA), elimina-se a última letra e acrescentam-se sufixos.

Exemplo:

SAFAR~~A~~ = viajar

ANA SAFART – eu viajei
INTA SAFART – você (m) viajou
INTI SAFARTI – você (f) viajou
HUE SĀFAR – ele viajou

HIE SĀFARIT – ela viajou
NAḤNA SĀFARNA – nós viajamos
INTU SĀFARTU – vocês viajaram
HINNI SĀFARU – eles/ elas viajaram

Outro exemplo:

AKAL~~A~~ = comer

ANA AKALT – eu como
INTA AKALT – você (m) comeu
INTI AKALTI – você (f) comeu
HUE AKAL – ele comeu
HIE AKALIT – ela comeu
NAḤNA AKALNA – nós comemos
INTU AKALTU – vocês comeram
HINNI AKALU – eles/ elas comeram

Ouça o áudio e repita as conjugações (faixa 94).

Existem três tipos de infinitivo, que é a forma de verbo usada como base para se falar no passado. São classificados conforme o número de sílabas.

Ensinamos nesta lição o infinitivo de três sílabas:

AKALA → A – KA – LA
SAFARA → SA – FA – RA

Há outras duas formas, que serão ensinadas nas lições 14 e 15.

A fórmula para conjugar qualquer verbo cujo infinitivo é formado por três sílabas é a seguinte:

Primeiro elimina-se a última letra do verbo e em seguida acrescentam-se os sufixos:

ANA __________ T
INTA __________ T
INTI __________ TI
HUE __________ (nada)
HIE __________ IT
NAḤNA _______ NA
INTU __________ TU
HINNI ________ U

Segue aqui uma lista de verbos na forma "raiz" convertidos em "infinitivo" com três sílabas:

Raiz	**Tradução**	**Infinitivo com três sílabas**
EKOL	comer	AKALA
ECHRAB	beber	CHARIBA
ECHTEGHIL	trabalhar	CHTAGHALA
EDRUS	estudar	DARASA
SĀFIR	viajar	SAFARA
FAKKIR	pensar	FAKARA
ELξAB	brincar	LAξIBA
AξMIL	fazer	ξAMILA
ESKUN	morar	SAKANA
EKTOB	escrever	KATABA
ESTAξMEL	usar	STAξMALA
EFHAM	entender	FAHIMA
AξRIF	saber	ξARIFA
ES>AL	perguntar	SA>ALA
JĀUIB	responder	JĀUABA
ETRAUA>	tomar café da manhã	TRAUA>A
SAKKIR	fechar	SAKARA
ESMAξ	ouvir	SAMIξA
EGHSIL	lavar	GHASALA
ERSOM	desenhar	RASAMA

DAKHIN	fumar	DAKHANA
ERKOD	correr	RAKADA
ETBOKH	cozinhar	TABAKHA
ERBAḤ	ganhar	RABIḤA
ESTA>JIR	alegrar	STA>JARA
NADDIF	limpar	NADAFA
ENSAḤ	engordar	NASAḤA
TALFIN	telefonar	TALFANA
ECHξOR	sentir	CHAξARA

Ouça o áudio e repita os verbos na forma raiz e infinitivo (faixa 95).

Vamos ver se você aprendeu!

Exercício

29) Conjugue os seguintes verbos no passado:

SAKANA – morar

a) ANA ______________________________
b) INTA ______________________________
c) INTI ______________________________
d) HUE ______________________________
e) HIE ______________________________
f) NAḤNA ______________________________
g) INTU ______________________________
h) HINNI ______________________________

SA>ALA – perguntar

a) ANA ______________________________
b) INTA ______________________________
c) INTI ______________________________
d) HUE ______________________________
e) HIE ______________________________

f) NAḨNA ____________________
g) INTU ____________________
h) HINNI ____________________

Ouça o áudio e repita as conjugações (faixa 96).

Exercício

30) Traduza para o árabe as seguintes frases:

a) Eu trabalhei no sábado passado.

____

b) Ele lavou o carro ontem.

____

c) Ela fechou a loja de tarde.

____

d) Nós moramos no Líbano ano passado.

____

e) Eles telefonaram ontem de manhã.

____

Ouça o áudio e repita as frases (faixa 97).

ANIMAIS

HAIAUANĀT – animais
ḤAIAUĀN – animal
KALB – cachorro
BESSI – gato
FĀRA – rato
ḤSĀN – cavalo
BA>RA – vaca
KHARŪF – carneiro
KHANZĪR – porco
ḤMĀR – burro
JAMIL – camelo

THAUR – touro
ḤAIIE – cobra
ARNAB – coelho
DĪB – lobo
SAξDĀN – macaco
ASAD – leão
NEMR – tigre
DUB – urso
DUFDAξA – sapo
DĪK – galo
DJEJI – galinha
NESR – águia
ḤAMĒMI – pomba
ξASFŪR – passarinho
BARGHACHI – pernilongo
DUBBENI – mosquito

Ouça o áudio e repita as palavras (faixa 98).

CONVERSAÇÃO G

Ouça o áudio e repita as seguintes pequenas conversações (faixa 99).

A) CHU AKALT LIAUM AL SOBEḤ?
O que você comeu de manhã?

B) ANA AKALT KHOBZ MAξ JEBNI U CHARIBT AHUI MAξ HALIB, U INTI?
Eu comi pão com queijo e bebi café com leite, e você?

A) ANA MA AKALT CHI, MA KUNT JAξĀNI.
Eu não comi nada, não estava com fome.

A) INTA SAFART SENI AL MĀDI?
Você viajou ano passado?

B) Ê SAFART ξA ALMĀNIA.
Sim, viajei para a Alemanha.

A) CHU ξAMILT HAUNIK?
O que fez lá?

B) ANA CHTAGHALT HAUNIK.
Eu trabalhei lá.

A) INTA SAKANT HAUNIK KTIR?
Você morou lá muito tempo?

B) LA>, BAS SENI U NOSS.
Não, só um ano e meio.

A) INTA STAξMALT AL COMBUTER MBĀRIḪ?
Você usou o computador ontem?

B) Ê, ANA STAξMALTU BIL LAIL.
Sim, eu o usei à noite.

A) CHU ξAMILT?
O que fez?

B) KATABT E-MAIL LA NASSER.
Escrevi um e-mail para Nasser.

A) HUE JĀUABAK?
Ele o respondeu?

B) LA>, LESSA LA>.
Não, ainda não.

Lição 14

PASSADO COM INFINITIVOS COM DUAS SÍLABAS

Na lição anterior foi apresentada a forma de compor verbos no pretérito perfeito (passado). O primeiro passo foi transformá-los da forma raiz para o infinitivo, e depois conjugá-los. Nesta lição você aprenderá a conjugar verbos que no infinitivo têm duas sílabas:

Raiz		**Infinitivo**
EḤKI (falar)	→	ḤAKA (falar)

Similar ao de três sílabas, deve-se tirar a última letra, "A", e conjugar. Os de duas sílabas têm a seguinte conjugação:

ḤAK~~A~~

ANA ḤAKAIT – eu falei
INTA ḤAKAIT – você (m) falou
INTI ḤAKAITI – você (f) falou
HUE ḤAKA – ele falou
HIE ḤAKIT – ela falou
NAḤNA ḤAKAINA – nós falamos
INTU ḤAKAITU – vocês falaram
HINNI ḤAKU – eles/ elas falaram

Outro exemplo com outro verbo:

Raiz		**Infinitivo**
ECHTERI (comprar)	→	CHTARA (comprar)

CHTAR~~A~~

ANA CHTARAIT
INTA CHTARAIT
INTI CHTARAITI
HUE CHTARA
HIE CHTARIT
NAḤNA CHTARAINA
INTU CHTARAITU
HINNI CHTARU

Ouça o áudio e repita a conjugação (faixa 100).

A regra para conjugar verbos que no infinitivo têm duas sílabas é:

1º – tirar a última letra A

2º – acrescentar os seguintes sufixos:

ANA ____________ AIT
INTA ___________ AIT
INTI ____________ AITI
HUE ____________ A
HIE _____________ IT
NAḤNA ________ AINA
INTU ___________ AITU
HINNI __________ U

Vamos ver se você aprendeu!

Exercício

31) Conjugue os seguintes verbos no passado:

DAL~~A~~ (ficar)

a) ANA ____________________
b) INTA ____________________
c) INTI ____________________
d) HUE ____________________
e) HIE ____________________
f) NAḤNA ____________________
g) INTU ____________________
h) HINNI ____________________

ḤABB~~A~~ (gostar)

a) ANA ____________________
b) INTA ____________________
c) INTI ____________________
d) HUE ____________________
e) HIE ____________________
f) NAḤNA ____________________
g) INTU ____________________
h) HINNI ____________________

Ouça o áudio e repita as conjugações (faixa 101).

Segue aqui uma lista de verbos na forma "raiz" convertidos em "infinitivo" com duas sílabas:

Raiz	**Tradução**	**Infinitivo**
ḤOT	colocar	ḤATA
>OS	cortar	>ASA
ḤOB	gostar	ḤABA
FIL	ir embora	FALA

EḤKI	falar	ḤAKA
DAL	ficar	DALA
ξODH	morder	ξADHA
EJLI	lavar a louça	JALA
EMDHI	assinar	MADHA
EKUI	passar roupa	KAUA
KHABBI	guardar	KHABBA
ZIT	jogar fora	ZATA
GHANNI	cantar	GHANNA
DAUI	ligar	DAUA
ETFI	desligar	TAFA
CHOD	puxar/ apertar	CHADA

Ouça o áudio e repita os verbos na forma raiz e infinitivo (faixa 102).

Exercício

32) Traduza as seguintes frases para o árabe:

a) Eu gostei do filme ontem.

____

b) Ela falou comigo no sábado.

____

c) Onde você (f) guardou a carteira?

____

d) Ele cortou o cabelo dela no domingo.

____

e) Que horas vocês foram embora?

____

Ouça o áudio e repita as frases em árabe (faixa 103).

EM CASA

BIL BAIT – em casa
SĀLA – sala
UDIT ISTI>BĀL – sala de visita
MATBAKH – cozinha
MADKHAL – entrada
CHA>A – apartamento
UDIT AL SUFRA – copa/ sala de jantar
UDA – quarto
ḤAMMĀM – banheiro
JNAINI – jardim
DĀR – área/ quintal
GARĀJ – garagem
ASENSOR – elevador
BAUĀBI – portão
DARAJĀT – escadas
FARCH – mobília
TAULI – mesa
KURSI – cadeira
KANABEII – sofá
SAJĀDI – tapete
BURDEII – cortina
MREII – espelho
MAGHSALI – pia
MA>ξAD – vaso/ privada
ḤANAFIIE – torneira
KHZENI – guarda-roupa
TAKHT – cama
MKHADDI – travesseiro
ḤRĀM – cobertor
CHARCHIF – lençol

Ouça o áudio e repita as palavras (faixa 104).

CONVERSAÇÃO H

A) INTA ḤAKAIT MAξ ξOMAR MBĀRIḤ?
Você falou com Omar ontem?

B) Ê, ḤAKAIT MAξU.
Sim, falei com ele.

A) KIF ḤAKAIT MAξU?
Como você falou com ele?

B) ANA KUNT BI BAITU.
Eu estava na casa dele.

A) UAIN HUE ξM BIESKUN?
Onde ele está morando?

B) ξM BIESKUN BI CHA>A BI Vila Morumbi.
Está morando num apartamento na Vila Morumbi.

A) INTA DALAIT HAUNIK KTIR?
Você ficou muito lá?

B) LA>, DALAIT BAS SĒξA.
Não, fiquei só uma hora.

A) AIIA SEξA INTA FALAIT MIN AL ḤAFLE AL SABT?
Que horas você foi embora da festa no sábado?

B) FALAIT AL SEξA TNAξCH BIL LAIL.
Fui embora à meia-noite.

A) ḤABBAIT AL AKEL HAUNIK?
Gostou da comida lá?

B) Ê, KTIR! AKALT CHUAI MIN KUL CHI, U INTI?
Sim, muito! Comi um pouco de tudo, e você?

A) ANA KAMĀN ḤABBAIT AL AKEL U AL MACHRUB.
Eu também gostei da comida e da bebida.

Ouça o áudio e repita as duas conversações (faixa 105).

Lição 15

Nas lições anteriores, você aprendeu o pretérito perfeito (passado) de dois tipos de verbos infinitivos: os de três e os de duas sílabas.

Nesta lição, você aprenderá o último tipo de verbo, que será denominado "1L 1C", quer dizer, uma longa e uma curta.

Isto porque esses verbos são formados por duas sílabas, sendo sempre a primeira longa e a segunda curta.

Exemplo:

Raiz	**Infinitivo**	
CHUF (ver)	CHĀFA (ver)	CHĀ = sílaba longa + FA = sílaba curta
RUḤ (ir)	RĀḤA (ir)	RĀ = sílaba longa + ḤA = sílaba curta

Na conjugação dos verbos 1L 1C no passado, utilizam-se as duas formas de verbo, tanto a raiz como o infinitivo.

Na verdade, o infinitivo é apenas para HUE, HIE e HINNI.

A conjugação do verbo CHUF/ CHĀFA (ver) no passado fica assim:

ANA CHUFT (Raiz + T) – eu vi
INTA CHUFT (Raiz +T) – você (m) viu
INTI CHUFTI (Raiz + TI) – você (f) viu
HUE CHĀF (Infinitivo sem A) – ele viu
HIE CHĀFIT (Infinitivo + IT) – ela viu
NAHıNA CHUFNA (Raiz + NA) – nós vimos
INTU CHUFTU (Raiz + TU) – vocês viram
HINNI CHĀFU (Infinitivo + U) – eles/ elas viram

Outro exemplo:

RUḤ/ RĀḤA (ir)

ANA RUḤT – eu fui
INTA RUḤT – você (m) foi
INTI RUḤTI – você (f) foi
HUE RĀḤ – ele foi
HIE RĀḤIT – ela foi
NAḤNA RUḤNA – nós fomos
INTU RUḤTU – vocês foram
HINNI RĀḤU – eles/ ela foram

Ouça o áudio e repita as conjugações (faixa 106).

A seguir a lista de alguns verbos que, transformados de raiz para infinitivo, ficaram 1L 1C (uma longa e uma curta)

Raiz	**Tradução**	**Infinitivo**
NĀM	dormir	NĀMA
RUḤ	ir	RĀḤA
CHĪL	tirar	CHĀLA
SŪ>	dirigir	SĀ>A
BĪξ	vender	BĀξA
FŪT	entrar	FĀTA
ZŪR	visitar	ZĀRA

>UL	dizer	>ĀLA
FI>	acordar	FĀ>A
ξICH	viver	ξĀCHA
JIB	trazer	JĀBA
MUT	morrer	MĀTA

Ouça o áudio e repita os verbos nas duas formas (faixa 107).

Vamos ver se você aprendeu!

Exercício

33) Conjugue os seguintes verbos no passado:

BĪξ/ BĀξA (vender)

a) ANA ____________________
b) INTA ____________________
c) INTI ____________________
d) HUE ____________________
e) HIE ____________________
f) NAḤNA ____________________
g) INTU ____________________
h) HINNI ____________________

ZŪR/ ZĀRA (visitar)

a) ANA ____________________
b) INTA ____________________
c) INTI ____________________
d) HUE ____________________
e) HIE ____________________
f) NAḤNA ____________________
g) INTU ____________________
h) HINNI ____________________

Ouça o áudio e repita as conjugações (faixa 108).

Exercício

34) Traduza as seguintes frases:

a) Que horas você (f) dormiu ontem?

---

b) Eles não venderam a casa.

---

c) Você (m) disse algo?

---

d) Eu não tirei dinheiro do banco semana passada.

---

e) Nós fomos de carro.

Ouça o áudio e repita as frases em árabe (faixa 109).

FAMÍLIA 2

Em várias línguas usam-se os termos "tio" ou "primo" a parentes que podem ser tanto por parte de pai quanto por parte de mãe. Ou seja, você chama o irmão do seu pai de "tio" e o irmão da sua mãe de "tio" também.

Em árabe há diferentes denominações para os parentes por parte de mãe e para os por parte de pai.

Exemplo:

ξAM – tio (por parte de pai = irmão do seu pai)
KHĀL – tio (por parte de mãe = irmão da sua mãe)

Além disso, também há diferenciação quanto aos tios e tias diretos e indiretos.

Tios ou tias diretos são irmãos e irmãs do seu pai ou mãe; os tios indiretos são aqueles que receberam a denominação após se casarem com os tios e tias diretos.

Por parte de pai:

ξAMM – tio (irmão de seu pai)
MART ξAMM – tia (mulher do seu tio direto)
IBN ξAMM – primo (filho do seu tio direto)
BINT ξAMM – prima (filha do seu tio direto)

ξAMT – tia (irmã do seu pai)
ZAUJ ξAMT – tio (casado com sua tia direta)
IBN ξAMT – primo (filho da sua tia direta)
BINT ξAMT – prima (filha da sua tia direta)

Por parte de mãe:

KHĀL – tio (irmão da sua mãe)
MART KHĀL – tia (casada com seu tio direto)
IBN KHĀL – primo (filho de seu tio direto)
BINT KHĀL – prima (filha de seu tio direto)

KHĀLT – tia (irmã da sua mãe)
ZAUJ KHĀLT – tio (casado com sua tia direta)
IBN KHĀLT – primo (filho da sua tia direta)
BINT KHĀLT – prima (filha da sua tia direta)

JUDD – avô (por parte de mãe e de pai)
SETT – avó (por parte de mãe e de pai)

Ouça o áudio e repita (faixa 110).

Para dizer "meu tio", "primo dele" ou "nossa avó", basta acrescentar os sufixos de posse (lição 4) no final de qualquer uma das denominações.

Para dizer:

Meu avô - JUDDI
Sua (m) avó - SETTAK
Primo dele - IBN ξAMMU
Prima dela - BINT ξAMMA

CONVERSAÇÃO I

A) AIIA SĒξA INTA NĀMT MBARIH?
Que horas você dormiu ontem?

B) ANA RUḤT NĀM AL SEξA TESξA U NOSS.
Eu fui dormir às 9h30.

A) LAICH RUḤT TNĀM BAKKIR?
Por que foi dormir cedo?

B) LI>ANU KUNT KTĪR TAξBĀN.
Porque estava muito cansado.

A) INTA ξARIFT ANNU Amira BĀξIT BAITA?
Você soube que Amira vendeu a casa dela?

B) LA>, U BI ADDAICH BĀξIT AL BAIT?
Não, e por quanto vendeu a casa?

A) BI SABξĪN ALF.
Por 70 mil.

B) U ESSA, CHU HIE RAḤ TAξMEL?
E agora, o que ela vai fazer?

A) BADDA TECHTERI CHA>A JDIDI.
Ela quer comprar um apartamento novo.

A) INTA ZURT IMMAK AL AḪAD?
Você visitou sua mãe domingo?

B) Ê, KUNT BI BAITA AL AḪAD AL DOHER.
Sim, eu estava na casa dela no domingo à tarde.

A) >ULT LA IMMAK ξAN CHOGHLAK AL JDĪD?
Você disse para sua mãe sobre seu trabalho novo?

B) Ê, HIE >ĀLIT ANNU BTAξRIF UAIN AL CHERKI.
Sim, ela disse que sabe onde é a empresa.

Ouça o áudio e repita as conversações (faixa 111).

REVISÃO GERAL 3

Exercício de revisão geral

8) Traduza as seguintes frases para o português e leia-as em árabe em voz alta:

a) ANA RĀḤ SĀFIR AL JOMξA.

b) UAIN HINNI RAḤ IESKUNU?

c) HIE RAḤ TBALLISH BIL MADRASE AL TANAIN.

d) BAITI AZGHAR MIN BAITU.

e) KHAII ATUAL MIN UKHTI.

f) RUSSIIA AKBAR DAULE BIL ξĀLAM.

g) INTA SAKKART AL MAḤAL AL SEξA TMENI?

h) HUE CHTAGHAL MAξNA SENI AL MĀDI.

i) UAIN INTI >ASAITI CHAξRIK?

j) ANA MA RUḤT ξAL ḤAFLE AL SABT AL MĀDI.

Exercício de revisão geral

9) Como se diz em árabe:

a) corpo

---

b) cabelo

---

c) mais novo

---

d) direito

---

e) camisa

---

f) gato

---

g) vestido

---

h) pé

---

i) mais limpo

---

j) professor

---

k) funcionário

---

l) mais bonito

---

m) banheiro

---

n) calça

---

o) cachorro

---

p) mão

---

q) burro

r) quarto

s) coração

t) camiseta

Exercício de revisão geral

10) Responda em árabe as seguintes perguntas e leia-as em voz alta:

a) INTA RĀḤ TSĀFIR AL USBUξ AL JEII?

b) AMTI INTA RĀḤ TECHTERI SAIĀRA JDIDI?

c) INTA RĀḤ TEḤKI MAξ IMMAK BUKRA?

d) INTA ATUAL MIN BAIAK?

e) AL BRAZIL AKBAR MIN AL SĪN?

f) INTA RUḤT ξAL SHOPPING MBĀRIḤ?

g) AIIA SĒξA INTA FI>T LIAUM?

h) INTA DARAST ξARABI MBĀRIḤ?

i) INTA ZURT ḤADA AL AḤAD AL MĀDI?

j) INTA CHILT MASĀRI MIN AL BANEK LIAUM?

Lição 16

PASSADO DOS VERBOS ESPECIAIS

ξEND... ter, BADD... querer, FIN... poder e LĀZIM ter que

O passado dos verbos especiais é feito de maneira diferente dos demais verbos vistos nas lições 13, 14 e 15.

Para transformar um verbo especial no passado, basta acrescentar a palavra “KAN” na frente de qualquer um dos verbos irregulares e com qualquer sujeito. Não se esqueça de conjugar o verbo especial de acordo com o sujeito que é utilizado.

Para dizer:

Eu tenho um carro.
ANA ξENDI SAIĀRA.

E no passado:

Eu tinha um cachorro.
ANA KAN ξENDI KALB.

Outro exemplo:

Eles querem carne.
HINNI BADDUN LAḤEM.

E no passado:

Eles quiseram pizza ontem.
HINNI KAN BADDUN PIZZA MĀBRIḤ.

A regra para se expressar no passado com os verbos irregulares é:

ANA		
INTA		ξEND (conjugado)
INTI		BADD (conjugado)
HUE	KAN +	LAZIM (não conjuga, é igual para todos)
HIE		
NAḤNA		FIN (conjugado)
INTU		
HINNI		

Para dizer:

Eu tinha:	ANA KAN ξENDI
Você (f) tinha:	INTA KAN ξENDAK
Você (m) tinha:	INTI KAN ξENDIK
Ele tinha:	HUE KAN ξENDU
Ela tinha:	HIE KAN ξENDA
Nós tínhamos:	NAḤNA KAN ξENDNA
Vocês tinham:	INTU KAN ξENDKUN
Ele/elas tinham:	HINNI KAN ξENDUN

Ouça o áudio e repita (faixa 112).

Vamos ver se você aprendeu!

Exercício

35) Traduza as seguintes frases para o árabe (todas utilizam verbos irregulares no passado):

a) Ele tinha uma casa em São Paulo.

____

b) Eu quis ver um filme ontem.

____

c) Eles tinham um carro grande.

____

d) Você (f) tinha que trabalhar ontem?

____

e) Ele pôde ir sozinho?

____

Ouça o áudio e repita as frases (faixa 113).

Exercício

36) Conjugue o verbo BADD...(querer) no passado:

a) ANA ______________________________
b) INTA ______________________________
c) INTI ______________________________
d) HUE ______________________________
e) HIE ______________________________
f) NAḨNA ______________________________
g) INTU ______________________________
h) HINNI ______________________________

Ouça o áudio e repita a conjugacão (faixa 114).

PAÍSES E NACIONALIDADES

Há 21 países árabes, nove no continente africano (no norte e nordeste), e doze na Ásia (no extremo oeste).

PAÍSES ÁRABES NA ÁFRICA

MASR	Egito
ASSUDĀN	Sudão
JIBŪTI	Djibuti
ASSUMĀL	Somália
LĪBIA	Líbia
TŪNIS	Tunísia
AL JAZĀ>IR	Argélia
AL MAGHRIB	Marrocos
MURITĀNIA	Mauritânia

PAÍSES ÁRABES NA ÁSIA

LUBNĀN	Líbano
SURIA	Síria
AL ξIRĀK	Iraque
AL URDUN	Jordânia
FALASTĪN	Palestina
AS SUξUDIIA	Arábia Saudita
AL KUAIT	Kuwait
KATAR	Qatar
AL BAḪRAIN	Bahrein
ξUMĀN	Omã
AL IAMIN	Iêmen
AL IMARAT AL ξARABIA AL MUTTAḪIDA	Emirados Árabes Unidos

Ouça o áudio e repita os nomes dos países (faixa 115).

ESCLARECIMENTOS E CURIOSIDADES

Há uma confusão entre a população em geral sobre o que é árabe, muçulmano, turco etc.

Seguem aqui alguns fatos e curiosidades para você entender melhor:

1. O Irã não é um país árabe, portanto, sua população não é árabe, é persa. Os iranianos são muçulmanos (em sua maioria) e também utilizam o alfabeto árabe para escrever. A confusão acontece porque nas ruas os iranianos andam com vestimentas que lembram as dos árabes. As placas, jornais etc. têm a escrita muito parecida com a árabe.

2. A Turquia não é um país árabe. Similar aos iranianos, a maioria da sua população é muçulmana. Eles também utilizam as letras do alfabeto árabe para escrever. Mas assim como a escrita iraniana, a turca também não é compreendida pelos árabes.

3. No Brasil, os árabes são "taxados" (e a maioria leva com bom humor!) de turcos, porque os primeiros imigrantes libaneses e sírios que vieram para o Brasil no início do século XX viajaram com passaporte emitido pelo Império turco-otomano, assim eram todos chamados de turcos, como se todos tivessem vindo da Turquia.

4. Nem todo árabe é muçulmano. Há árabes católicos, judeus e de várias outras religiões.

5. Nem todo muçulmano é árabe. Muçulmano é aquele que segue o Islã, portanto, há muçulmanos europeus, americanos, chineses etc. Aliás, o maior país muçulmano do mundo, em número de habitantes, é a Indonésia.

6. A maioria dos árabes que residem no Brasil tem as mesmas características físicas: cabelos e olhos pretos, sobrancelhas bem marcantes, pele clara para a morena etc. Pouca gente sabe, mas há muitos árabes negros, ruivos, de olhos azuis etc. A mistura com os europeus e outros povos já aconteceu há séculos atrás.

7. Árabe é uma etnia, não uma nacionalidade.

8. Quem nasce no Líbano, por exemplo, é um árabe de nacionalidade libanesa; quem nasce no Marrocos é árabe marroquino. Algumas pessoas confundem achando que árabe é alguém que nasceu na Arábia Saudita. Na verdade, é um país como os outros árabes. Logo, quem nasce lá é árabe de nacionalidade saudita.

9. Estima-se que fora do Líbano haja 3 milhões de libaneses e descendentes de até 2ª geração. É praticamente o mesmo número da população atual no Líbano.

CONVERSAÇÃO J

Ouça o áudio e repita as seguintes pequenas conversações (faixa 116).

INTA MIN UAIN?
De onde você é?

ANA MIN AL MAGHRIB, U INTI?
Eu sou do Marrocos, e você?

A) ANA MIN AL BRAZIL, U MARTAK, KAMĀN MAGHRIBIIE?
Eu sou do Brasil. E a sua esposa, também é marroquina?

B) LA>, HIE MICH MAGHRIBIIE, HIE MASRIIE.
Não, ela não é marroquina. Ela é egípcia.

A) CHU JINSITAK?
Qual é a sua (m) nacionalidade?

B) ANA LUBNĀNI, U INTI?
Eu sou libanês, e você?

A) ANA KHLE>ET BI SURIA, BAS MIN ANA U ZGHIRI, SAKANT BIL URDUN.
Eu nasci na Síria, mas desde pequena morei na Jordânia.

A) INTA TALFANT LA AMIR MBĀRIḪ?
Você telefonou para o Amir ontem?

B) Ê TALFANT, KAN BADDI EḪKI MAξU.
Sim, telefonei, queria falar com ele.

A) CHU KAN BADDAK MAξU?
O que você queria com ele?

B) BADDI ECHTERI SAIARTU.
Queria comprar o carro dele.

A) BAS INTA MA ξENDAK SAIĀRA?
Mas você não tem um carro?

B) Ê, ANA KAN ξENDI, BAS BIξTA U BADDI ECHTERI GHAIRA.
Sim, eu tinha. Mas o vendi e quero comprar outro.

Lição 17

FUTURO DOS VERBOS ESPECIAIS

Similar ao passado dos verbos especiais (visto na lição 16), o futuro é feito com o acréscimo de uma espécie de verbo auxiliar na sua frente.

Para indicar o futuro dos verbos:

ξEND... (ter), BADD... (querer), FIN (poder) e LAZIM (ter que) basta posicionar "RĀḤ IKUN" antes de qualquer um deles. Não esqueça que deve conjugá-los de acordo com o sujeito.

Para dizer:

1 – Eu quero água.
→ ANA BADDI MAI.

2 –Eu vou querer só suco.
→ ANA RĀḤ IKUN BADDI BAS ξASĪR.

3 – Ele tem um carro.
→ HUE ξENDU SAIĀRA.

4 – Ele vai ter problemas amanhã.
→ HUE RĀḤ IKUN ξENDU MACHĀKIL BUKRA.

A regra para se expressar no futuro com os verbos especiais é:

ANA		
INTA		ξEND (conjugado)
INTI		BADD (conjugado)
HUE	RĀḤ IKUN	LAZIM (não conjuga, é igual para todos)
HIE		FIN (conjugado)
NAḤNA		
INTU		
HINNI		

Para dizer:

Eu vou querer	ANA RĀḤ IKUN BADDI
Você (m) vai querer	INTA RĀḤ IKUN BADDAK
Você (f) vai querer	INTI RĀḤ IKUN BADDIK
Ela vai querer	HUE RĀḤ IKUN BADDU
Ele vai querer	HIE RĀḤ IKUN BADDA
Nós vamos querer	*NAḤNA RĀḤ IKUN BADDNA
Vocês vão querer	*INTU RĀḤ IKUN BADDKUN
Eles/ Elas vão querer	*HINNI RĀḤ IKUN BADDUN

Ouça o áudio e repita as conjugações (faixa 117).

Vamos ver se você aprendeu!

Exercício

37) Traduza as seguintes frases para o árabe:

a) Ele vai poder ir de carro.

---

b) Nós vamos querer ficar em casa amanhã.

---

c) Você (m) vai ter trabalho no sábado que vem?

____

d) Eles vão poder viajar cedo.

____

e) Eu não vou ter tempo amanhã.

____

Ouça o áudio e repita as frases (faixa 118).

BIL MATBAKH – NA COZINHA

BIL MATBAKH – na cozinha
BARRĀD – geladeira
TAULE – mesa
KURSI – cadeira
GHĀZ – fogão
MAJLA – pia
RAF – prateleira
KHAZĀ>IN – armários
DURJ – gaveta
TANJARA – panela
TE>LEII – frigideira
JĀT – bacia/ travessa
SINEII – bandeja
IBRI> – chaleira/ jarra

BIL TAULE – NA MESA

CHAUKI – garfo
SIKKINI – faca
MALξA – colher
FUNJĀN – xícara
KESI – copo
SAḤEN – prato

MAMLAḤA – saleiro
SUKKARIE – açucareiro
ACHIT SNĀN – palito de dente
ANINI – garrafa

Ouça o áudio e repita (faixa 119).

PREPOSIÇÕES DE LOCALIZAÇÃO

FAU> – em cima
TAḤT – embaixo
UARA – atrás
UDDAM – em frente
ξAJANB – ao lado
ḤAD – próximo
ARĪB MIN – perto de
BAξĪD MIN – longe de
BAIN _____ U _____ – entre _____ e _____
BIL – na, no, em (sentido "dentro de")
BIL DUREJ – na gaveta
BIL ḤAMMĀM – no banheiro
ξAL – na, no, (sentido "em cima de")
ξAL TAULE – na mesa
ξAL ARD – no chão

Ouça o áudio e repita as preposições (faixa 120).

CONVERSAÇÃO K

Ouça e repita estas pequenas conversações (faixa 121):

A) UAIN MUFTAḤ AL SAIĀRA?
Onde está a chave do carro?

B) MA BAξRIF, IEMKIN BIL DUREJ.
Não sei, talvez na gaveta.

A) LA>, MICH HAUNIK, ANA DAUART BIL UDA KAMAN U MA LA>AIT CHI.
Não, não está lá. Eu procurei no quarto também e não achei nada.

B) TALAξTI BI JUZDĀNIK?
Você (f) procurou na sua bolsa?

A) TABξAN, BAS KAMĀN MICH HAUNIK.
Claro, mas também não está lá.

B) LAKĀN LAZIM IKUN TAḤT AL TAULE.
Então deve estar embaixo da mesa.

A) UAIN MAḤAL NASSER?
Onde é a loja do Nasser?

B) MAḤALU BIL CHĀRIξ AL ξAM, ARĪB MIN AL BANEK.
A loja dele é na rua principal, perto do banco.

A) UAIN BIL ZABT?
Onde exatamente?

B) BAIN AL MATξAM U AL ξIEDI, UDDĀM AL SAIDALIIE.
Entre o restaurante e a clínica, em frente à farmácia.

A) CHU KAN LĀZIM TAξMEL MBĀRIḤ AL DOHER?
O que você teve que fazer ontem à tarde?

B) ANA KAN LĀZIM ECHTERI HDEII LA AMIRA.
Eu tinha que comprar um presente para Amira.

A) LAICH? KAN ξĪD MILĀDA?
Por quê? Era aniversário dela?

B) MBĀRIḤ LA>, RAḤ IKUN AL SABT AL JEII.
Ontem não, vai ser no próximo sábado.

A) U CHU CHTARAIT?
E o que você comprou?

B) ANA KAN BADDI ECHTERI TALAFON MOBAIL, BAS MA LA>AIT AL MUDĒL.
Eu quis comprar um telefone celular, mas não achei o modelo.

A) U CHU RAḤ TAξMEL HALLA?
O que você vai fazer agora?

B) RAḤ IKUN LĀZIM RUḤ ξAL SHOPPING LIAUM, HAUNIK HINNI RAḤ IKUN ξENDUN AL MŪDEL AL MAZBŪT.
Vou ter que ir ao shopping hoje, lá eles vão ter o modelo certo.

Lição 18

PARTICÍPIO

O particípio é uma derivação dos verbos infinitivos. Na maioria das vezes, similarmente à língua portuguesa, são usados com os verbos ser/ estar na voz passiva.

Em árabe, também podem estar no masculino, feminino ou plural.

MAGHSŪL – lavado
MAD-HUN – pintado
MACH-GHUL – ocupado
MAKSUR – quebrado
MAFTŪḤ – aberto
MSAKKIR – fechado
MAJRŪḤ – ferido
MAξZUM – convidado
MAḤRŪ> – queimado
MUASAKH – sujo
MANZUξ – estragado
MADFUξ – pago
MAMNUξ – proibido
MASMŪḤ – permitido
MAZRUξ – plantado
MEḤCHI – recheado
MALĀN – cheio

FĀDI – vazio
MIT>AKHIR – atrasado
MASLU> – cozido
MECHUI – assado
ME>LI – frito
MEGHLI – fervido
MAJBUR – obrigado (a fazer algo)
MAξRUF – conhecido
MAJHUL – desconhecido
MAFRUCH – mobiliado
MDAUI – aceso
METFI – apagado
MUSTAξMAL – usado
MASRU> – roubado

Para o feminino basta acrescentar "I"

Então:

Ocupada – MACHGHULI
Conhecida – MAξRUFI
Assada – MECHUII

Para o plural basta acrescentar "IN"

Então:

Feridos – MAJRUḤIN
Abertos – MAFTUḤIN
Plantados – MAZRUξIN

Ouça o áudio e repita os particípios (faixa 122).

Vamos ver se você aprendeu!

Exercício

38) Traduza as seguintes frases:

a) Eles estão muito ocupados agora.

---

b) Eu não estou atrasado.

---

c) Você (F) gosta de batata frita?

---

d) Ele comprou um carro roubado!

---

e) Nossa casa não está pintada.

---

f) A loja dela estava aberta ontem.

---

g) O carro dele é usado.

---

h) Elas eram conhecidas no Líbano.

---

i) O quarto está mobiliado.

---

j) Elas estão plantadas atrás da casa.

Ouça o áudio e repita as frases em árabe (faixa 123).

NÚMEROS ORDINAIS

RA>AM TARTIBI – número ordinal

AUIL – primeiro
THĀNI – segundo
THĀLETH – terceiro
RĀBIξ – quarto
KHĀMIS – quinto

SĀDIS – sexto
SĀBIξ – sétimo
THĀMIN – oitavo
TĀSIξ – nono
ξACHIR – décimo
ḤĀDI ξĀCHIR – décimo primeiro
TĀNI ξĀCHIR – décimo segundo
TĀLET ξĀCHIR – décimo terceiro
RĀBIξ ξĀCHIR – décimo quarto
KHĀMIS ξĀCHIR – décimo quinto
SĀDIS ξĀCHIR – décimo sexto
SĀBIξ ξĀCHIR – décimo sétimo
TĀMIN ξĀCHIR – décimo oitavo
TĀSIξ ξĀCHIR – décimo nono
AL ξECHRĪN – vigésimo
AL ḤĀDI U AL ξ ECHRIN – vigésimo primeiro
AL TĀNI U AL ξ ECHRIN – vigésimo terceiro

Normalmente, nas frases que utilizam os números ordinais em árabe, coloca-se "AL" (o, a) na frente.

Então:

Ele é o terceiro da turma.
HUE AL TĀLET BIL SAF.

Ela mora no 4º andar.
HIE BTESKUN BIL TĀBI> AL RĀBIξ.
ou
HIE BTESKUN BI RĀBIξ TĀBI>.

No décimo quinto dia.
BI LIAUM AL KHĀMIS ξĀCHIR.

Ouça o áudio e repita as frases (faixa 124).

MOBÍLIA E OUTRAS UTILIDADES

FARCH AL BAIT – mobília da casa
KANABEII – sofá
KURSI – cadeira
TAULE – mesa
SAJĀDI – tapete
RAF – estante
SURA – foto/ quadro
BURDEII – cortina
MREII – espelho
MAZHARIIE – vaso
TAKHT – cama
KHZĀNI – guarda-roupa
FRĒCH – colchão
MKHADI – travesseiro
BATARIIE – pilha
MEKENSI – vassoura
RAFCH – pá
ḤANAFIIE – torneira
EBRI – agulha
KHAIT – linha
M>AS – tesoura
MANFADA – cinzeiro

Ouça o áudio e repita (faixa 125).

"HAVER" NO PRESENTE

FI: há

Há um carro em frente à escola.
FI SAIĀRA UDĀM AL MADRASE.

Não há nada embaixo da mesa.
MA FI CHI TAḤT AL TAULE.

"HAVER" NO PASSADO

KAN FI – havia

Havia alguém no banheiro.
KAN FI ḤADA BIL ḤAMMĀM.

Não havia aula ontem.
MA KAN FI DARS MBĀRIḤ.

"HAVER" NO FUTURO

RAḤ IKUN FI – haverá

Haverá reunião amanhã.
RAḤ IKUN FI IJTIMĀƐ BUKRA.

Não haverá comida na festa.
MA RAḤ IKUN FI AKEL BIL ḤAFLE.

Ouça o áudio e repita os exemplos em árabe (faixa 126).

Vamos ver se você aprendeu!

Exercício
39) Traduza as seguintes frases:

a) Onde há uma padaria perto daqui?

____

b) Não há uma mesa na cozinha.

____

c) Havia só uma professora na escola ontem.

____

d) Não havia ninguém na loja.

____

e) Haverá um feriado na semana que vem.

____

Ouça o áudio e repita as frases em árabe (faixa 127).

Lição 19

EXPRESSANDO FREQUÊNCIA

MARRA – uma vez
MARRTAIN – duas vezes
TLET MARRĀT – três vezes
ARBAξ MARRĀT – quatro vezes
BIL USBUξ – por semana
BIL CHA-HER – por mês
BIL SENI – por ano
DĀ>IMAN – sempre
ξĀDATAN – geralmente
MARRĀT – às vezes
ABADAN – nunca
AUIL MARRA – primeira vez
ĀKHIR MARRA – última vez

KAM MARRA BIL CHA-HER INTA ________ ?
Quantas vezes por mês você (m) ____________ ?

KUL ADDAICH INTI ________ ?
Com que frequência você (f) ________ ?

CHI MARRA INTU __________ ?
Alguma vez vocês ____________ ?

Ouça e repita (faixa 128).

Vamos ver se você aprendeu!

Exercício

40) Traduza as seguintes frases para o português:

a) HUE BIECHTEGHIL BIL LAIL MARRA BIL USBUξ.

b) ANA BEDRUS ξARABI TLET MARRĀT BIL USBUξ.

c) HINNI BISĀFIRU MARRTAIN BIL SENI.

d) KAM MARRA BIL CHA-HER INTI BTEKOLI BARRA?

e) CHI MARRA INTA SAFART ξA LUBNĀN?

Ouça e repita as frases em árabe (faixa 129).

SAÚDE

AL SAḤḤA – a saúde
ḤAKIM – médico
TABIB – médico
MARAD – doença
ξAMALIIE – operação
DAUA – remédio
ḤABBI – comprimido
EBRI – injeção
UAJAξ – dor
ḤEMMI ou ḤARĀRA – febre

RACHEḤ - resfriado
UASFE - receita (médica)
SAξAL - tosse
MAGHES - cólica
UAJAξ RĀS - dor de cabeça
UAJAξ BATN - dor de barriga
UAJAξ SNĀN - dor de dente
TAξB - cansaço
IUJAξ - doer (verbo)

UAIN ξM BIUJAξAK?
Onde está (m) doendo?

CHU ξM BIUJAξIK?
O que estão te (f) doendo?

RĀSI ξM BIUJAξ ou BIUJAξNI
Minha cabeça está doendo./ Está me doendo a cabeça.

BATNI ξM BIUJAξ ou BIUJAξNI
Minha barriga está doendo./ Está me doendo a barriga.

Ouça e repita (faixa 130).

NO HOSPITAL E FARMÁCIA

MUSTACHFA - hospital
SAIDALIIE - farmácia
MUMARIDA - enfermeira

BADDI DAUA LA UAJAξ AL ________________.
Quero remédio para dor de ________________.

ξENDKUN CHI LAL ________________.
Vocês têm algo para ________________.

ANA JARAḤT ________________.
Eu machuquei ________________.

ANA DAUKHĀN(I).
Eu estou tonto(a).

BADDI EDFO>.
Quero vomitar.

BADDI EḤKI MAξ AL DOCTOR.
Quero falar com o médico.

LĀZIM CHIL SURET ACHĀξA.
Devo tirar um Raio X.

ANA ḤĀMIL ou ANA ḤEBLI.
Estou grávida.

CHU AL ξILĀJ?
Qual é o tratamento?

AIIA DAUA LĀZIM EKHOD?
Qual remédio devo tomar?

FI KHATR?
Há perigo?

Ouça e repita as frases (faixa 131).

VERBOS 6

Segue aqui uma lista com mais alguns verbos nas formas raiz e infinitivo. Ao lado do infinitivo, observe se o verbo é composto por três sílabas (3s), duas sílabas (2s) ou uma longa e uma curta (LC). Consulte lições 13, 14 e 15.

Raiz	Infinitivo	Tradução
LE>I	LA>A (2s)	achar (algo perdido)
EKHLOS	KHALASA (3s)	terminar
EKHSAR	KHASARA (3s)	perder
ESTANNA	STANNA (2s)	esperar
GHAIIR	GHAIARA (3s)	trocar/ mudar
E>BAL	E>BILA (3s)	aceitar
SAUFIR	SAUFARA (3s)	assobiar
ET>ĀTAL	T>ĀTALA (3s)	brigar
ETSAIAD	TSAIADA (3s)	caçar
CHOM	CHAMMA (2s)	cheirar
ξODH	ξADHA (2s)	morder
ḤOK	ḤAKKA (2s)	coçar
BATTIL	BATTALA (3s)	desistir
UASSI	UASSA (2s)	encomendar
GHOSH	GHASHA (2s)	enganar
EḤLIF	ḤALAFA (3s)	jurar
EξLIK	ξALAKA (3s)	mastigar
ESHBAH	SHABIHA (3s)	parecer-se com
SĒMIḤ	SAMAḤA (3s)	perdoar
>UM	>ĀMA (LC)	levantar
ξIR	ξĀRA (LC)	emprestar
>IS	ĀSA (LC)	medir/ experimentar roupa
SUM	SĀMA (LC)	jejuar

Ouça e repita os verbos nas duas formas (faixa 132).

Lição 20

IMPERATIVO

Para formar o imperativo em árabe, primeiro deve-se observar se a raiz do verbo é uma palavra que começa com vogal; caso seja, deve-se eliminá-la.

Então:

EDRUS é estudar.
Para dizer estude!: DRUS!

EKOL é comer
Para dizer coma!: KOL!

Agora, se o verbo não começa com vogal, basta alterar a entonação para indicar o imperativo.

NĀM é dormir
NĀM! é durma!

CHUF é ver
CHUF! é veja!

Para o imperativo no feminino acrescente I.
Para o imperativo no masculino acrescente U.

Então:

ECHRAB é beber

CHRĀB!: beba! (para um homem, menino)
CHRĀBI!: beba! (para mulher, menina)
CHRĀBU!: bebam! (para várias pessoas)

Outro exemplo:

NĀM! durma (m)!
NĀMI! durma (f)!
NĀMU! durmam!

Faça um favor: ξMIL MAξRUF (para o masculino)
ξMILI MAξRUF (para o feminino)

Façam um favor: ξMILU MAξRUF

Ouça e repita (faixa 133).

Vamos ver se você aprendeu!

Exercício

41) Transforme os seguintes verbos em imperativo, (m) no masculino, (f) no feminino e (pl) no plural:

FI> – acordar
a) Acorde (m)!: ____________________
b) Acorde (f)!: ____________________
c) Acordem (pl)!: ____________________

ESMAξ – escutar
a) escute (m)!: ____________________
b) escute (f)!: ____________________
c) escutem (pl)!: ____________________

FŪT - entrar
a) entre (m)!: ___
b) entre (f)!: ___
c) entrem (pl)!: ___

EFTAḤ - abrir
abra (m) a janela!: ___
abra (f) a porta!: ___
abram (pl) o livro!: ___

Ouça e repita (faixa 134).

PRONOMES DEMONSTRATIVOS

Os pronomes demonstrativos no árabe coloquial são divididos em masculino e feminino, para perto e longe, no singular e plural.

HEDA - este
HAIDI - esta
HAU - estes/ estas

HADĒK - aquele
HAIDIK - aquela
HADOUK - aqueles/ aquelas

Para dizer:

Esta casa é muito bonita. (em árabe "casa" é masculino)
HEDA AL BAIT KTIR ḤELU.

Este carro não é novo. ("carro" em árabe é feminino)
HAIDI AL SAIĀRA MICH JDIDI.

IMPORTANTE!

A maioria das palavras terminadas em A ou E são femininas em árabe.

Estas crianças estão com sede.
HAU AL AULĀD ξATCHĀNIN.

Aquela mulher é minha mãe.
HAIDIK AL MARA IMMI.

Aquele homem é o pai dele.
HADEK AL RAJUL BAIU.

Aqueles livros são muito caros.
HADOUK AL KUTB KTIR GHĀLIIN.

Ouça e repita (faixa 135).

NA ESCOLA/ UNIVERSIDADE

MADRASE – na escola
JĀMξA – universidade
MUDĪR – diretor
ISTĀZ – professor
MξALMI – professora
NĀDHIR – coordenador
FAḤS – prova
KITĀB – livro
DAFTAR – caderno
ALIM RSĀS – lápis
ALIM ḤEBR – caneta
MAḤĀIE – borracha
MASTARA – régua
UARA>A – papel

BARRĀIE – apontador
MA>ξAD – carteira
SAF – classe
TILMIZ – aluno
FURSSA – recreio
LAUḤ – quadro
TABCHŪR – giz
ξALĀMI – nota
ξOTLI – férias

Ouça e repita (faixa 136).

POSSESSIVO 2

Como foi explicado na lição 4, os pronomes possessivos no árabe coloquial falado são na verdade sufixos ligados à palavra:

BAITI – minha casa
MAḤALU – loja dele
ISTĀZNA – nosso professor

Além desses sufixos de posse, usam-se também palavras soltas que indicam posse.

Pode-se dizer que são minifrases que indicam a quem pertence algo ou alguém.

São elas:

ELI – é meu
ELAK – é seu (m)
ELIK – é sua (f)
ELU – é dele
ELA – é dela
ELNA – é nosso

ELKUN – é vosso (de vocês)
ELUN – é deles/ delas

Para dizer:

Este livro é meu.
HEDA AL KITAB ELI.

Aquela casa é deles.
HADEK AL BAIT ELUN.

A) De quem é esta classe?
LAMINN HEDA AL MUFTĀḤ?

B) É dela.
ELA.

A) Isto é seu (f)?
HEDA ELIK.

B) Não, não é meu, é delas.
LA>, MICH ELI, ELUN.

Ouça e repita (faixa 137).

REVISÃO GERAL 4

Exercício de revisão geral

11) Traduza as seguintes frases para o português e leia em voz alta as frases em árabe:

a) HUE KAN BADDU MASĀRI.

b) UAIN INTU KAN ξENDKUN BAIT.

c) CHU HIE RAḤ IKUN LĀZIM TAξMEL BUKRA.

d) CHU FI TAḤT AL TAULE?

e) FI KITĀB ξAL ARD?

f) HAIDI AL BAIDA MANZUξA.

g) FI SAIDALIIE ḤAD BAITI.

h) FTAḤ BĀB AL SAIĀRA.

i) CHUFU! ξM BTCHATI!

j) RUḤI ξAL BANEK MAξU.

Exercício de revisão geral

12) Como se diz em árabe:

a) às vezes

---

b) febre

---

c) quinto

---

d) atrás

---

e) nunca

---

f) remédio

---

g) terceiro

---

h) sempre

---

i) sofá

---

j) em cima

---

k) este

---

l) alguma vez

---

m) todos os meses

---

n) embaixo

---

o) aquele

Exercício de revisão geral

13) Responda em árabe as seguintes perguntas e leia-as em voz alta:

a) INTA KAN ξENDAK CHOGHIL MBĀRIḪ?

____

b) INTA MACHGHUL HALLA?

____

c) KAM MARRA BIL JOMξA INTA BTEDRUS ξARABI?

____

d) HEDA AL KITĀB ELAK?

____

e) INTA LĀZIM TEDRUS AKTAR?

____

f) CHI MARRA INTA SAFART ξA LUBNĀN?

____

g) FI COMBIUTIR BI UDTAK?

____

h) INTA KAN FIK TEḪKI ξARABI ABL?

____

i) KIF SAḪTAK?

____

j) FI TALFAZION BI MATBAKH BAITAK?

____

Respostas dos exercícios

Exercício 1

a) HUE MACHGHUL.
b) INTI NAξSĀNI.
c) HINNI MACHGHULIN.
d) ANA BARDĀN.
e) NAḪNA MABSUTĪN.

Exercício 2

a) HIE MICH AξZIBI.
b) HINNI MICH ḪAZINĪN.
c) INTA MICH ASĪR.
d) ANA MICH ξATCHĀN.
e) NAḪNA MICH BICHξĪN.

Exercício 3

a) INTU MABSUTĪN?
b) HUE MITJAUIZ?
c) ANA TAUIL?
d) HINNI MCHAUIBĪN?
e) INTA GHANI?

Exercício 4

a) Ê, ANA AξZIB .
LA>, ANA MICH AξZIB.

b) Ê, ANA JAξĀN HALLA.
LA>, ANA MICH JAξĀN HALLA.

c) Ê, ANA MABSUT LIAUM.
LA>, ANA MICH MABSUT LIAUM.

Exercício 5

a) ANA KUNT TAξBĀN MBĀRIḪ.
b) HUE KAN MITJAUIZ.
c) INTI KUNTI BARDĀNI MBĀRIḪ.
d) HINNI KĀNU JAξĀNIN.
e) HIE KANET ZAξLĀNI.

Exercício 6

a) HUE MA KAN AξZIB.
b) ANA MA KUNT BAξID.
c) HIE MA KANET MACHGHULI AL SOBEḪ.
d) INTI MA KUNTI ḪAZINI.
e) NAḪNA MA KUNNA MABSUTĪN.

Exercício 7

a) Ê, ANA KUNT MITJAUIZ.
LA>, ANA MA KUNT MITJAUIZ.

b) Ê, ANA KUNT BIL BANEK MBĀRIḪ.
LA>, ANA MA KUNT BIL BANEK MBĀRIḪ.

c) Ê, ANA KUNT MCHAUIB LIAUM AL DOHER.
LA>, ANA MA KUNT MCHAUIB LIAUM AL DOHER.

d) Ê, ANA KUNT TAξBĀN MBĀRIḪ BIL LAIL.
LA>, ANA MA KUNT TAξBĀN MBĀRIḪ.

e) Ê, ANA KUNT BIL MATξAM MBĀRIḪ.
LA>, ANA MA KUNT BIL MATξAM MBĀRIḪ.

Exercício 8

ISTĀZI
ISTĀZAK
ISTĀZIK
ISTĀZU
ISTĀZA
ISTĀZNA
ISTĀZKUN
ISTĀZUN

BAITI
BAITAK
BAITIK
BAITU
BAITA
BAITNA
BAITKUN
BAITUN

Exercício 9

MADRASTI
MADRASTAK
MADRASTIK
MADRASTU
MADRASTA
MADRASTNA
MADRASTKUN
MADRASTUN

Exercício 10

a) BAII TAUIL.
b) UKHTA HELUI.
c) BAITNA MICH BAξĪD.
d) BINTUN KANET MITJAUIZI.
e) KHAIIK KAN MARĪD.
f) MAḪALKUN KBIR.

g) KHAII MICH NĀSEḤ.
h) ISTĀZUN KAN BIL MUSTACHFA.
i) JĀRNA MA KAN BIL BAIT.
j) MARTU TAξBĀNI.

Exercício 11

BECHRAB	BSU>
BTECHRAB	BTSU>
BTECHRABI	BTSU>I
BIECHRAB	BISU>
BTECHRAB	BTSU>
MNECHRAB	MNSU>
BTECHRABU	BTSU>U
BIECHRABU	BISU>U

BECHTEGHIL	BJĪB
BTECHTEGHI	BTJĪB
BTECHTEGHILI	BTJĪBI
BIECHTEGHI	BIJĪB
BTECHTEGHI	BTJĪB
MNECHTEGHI	MNJĪB
BTECHTEGHILU	BTJĪBU
BIECHTEGHILU	BIJĪBU

Exercício 12

a) ANA MA BECHTEGHIL BIL LAIL.
b) HIE BTSU> MNIḤ?
c) NAḤNA MA MNSĀFIR BIL TAIĀRA.
d) INTI BTJIBI IBNIK?
e) HINNI MA BIELξABU KUL LIAUM.

Exercício 13

a) Ê, ANA BECHRAB ḤALĪB AL SOBEḤ.
LA>, ANA MA BECHRAB ḤALĪB AL SOBEḤ.

b) Ê, ANA BNĀM BAKKIR.
LA>, ANA MA BNĀM BAKKIR.

c) Ê, ANA BECHTEGHIL BIL LAIL.
LA>, ANA MA BECHTEGHIL BIL LAIL.

d) Ê, ANA BESTAξMEL AL COMBIUTER KUL LIAUM.
LA>, ANA MA BESTAξMEL AL COMBIUTER KUL LIAUM.

e) Ê, ANA BECHTERI KHOBZ KUL LIAUM.
LA>, ANA MA BECHTERI KHOBZ KUL LIAUM.

Exercício 14

a) HIE BTḤOB TESKUN HAUN.
b) ANA BĀξRIF EHKI ξARABI.
c) INTI BTHOBI TECHRABI AHUI.
d) HINNI BIAξRIFU IEKTOBU MNIH?
e) HUE MA BIEḤTĀJ IEDFĀξ LIAUM.
f) INTA BTAξRIF TSŪ>?
g) NAḤNA MNḤOB NELξAB FUTBOL.
h) INTU BTEḤTĀJU TRUḤU HALLA?
i) ANA MA BḤOB FI> BAKKIR.
j) INTA BTḤOB TEKOL FAUĀKIH?

Exercício 15

a) ANA MA BADDI AHUI, CHUKRAN.
b) UAIN INTI BADDIK TRUḤI?
c) NAḤNA LĀZIM NECHTEGHIL LIAUM BIL LAIL.
d) INTI ξENDIK BINT?
e) UAIN ANA FINI ECHTERI KHOBZ ξARABI?
f) HINNI MA BADDUN INĀMU HALLA.
g) INTA LAZIM TE>RA AL KITAB.
h) HIE MA FIHA TRUḤ AL SABT.
i) INTU FIKUN TELξABU HAUN.
j) HUE MA BADDU IESKUN BI LUBNĀN.

Exercício 16

a) HUE ξM BIECHRAB ξASĪR.
b) INTU ξM BTESKUNU MAξU?
c) ANA MA ξM BE>RA CHI.
d) NAḪNA ξM MNECHTERI BAIT JDID.
e) INTI ξM BTECHTEGHILI ESSA?

Exercício 17

a) Onde ele está morando?
b) Eu não sei falar árabe.
c) Eles estão jogando futebol agora.
d) Ela está pensando.
e) Você (f) viaja muito?
f) Nós estamos pagando a conta.
g) Você (m) está usando o computador agora?
h) Ela toma leite e café de manhã.
i) O que eles estão comendo?
j) Eu estou escrevendo agora.

Exercício 18

a) BADDI RUḪ ξAL MATAR.
b) KIF BRUḪ ξAL MAḪATIT AL BAS?
c) LAZIM ZUR BAII LIAUM.
d) INTI BTAξRIFI TETBOKHI MNIḪ?
e) ANA TAξBAN, BADDI ERTAḪ.

Exercício 19

a) HIE KANET ξM BTEḪKI MAξU AL SOBEḪ.
b) INTU KUNTU ξM BTESMAξU MUSI>A.
c) ANA MA KUNT ξM BE>RA MBĀRIḪ BIL LAIL.
d) CHU INTI KUNTI ξM BTECHRABI?
e) HINNI MA KANU ξM BIESTAξMILU AL COMBIUTER.

Exercício 20

a) Nós gostamos de viajar.
b) Ele está trazendo o livro.

c) Vocês moram em Curitiba?
d) Você (m) acorda cedo no domingo?
e) Ela estava vendendo sua casa.
f) Eu estava lavando o carro.
g) Eles estão assistindo a TV agora.
h) Vocês vestem jeans todos os dias?
i) O que você (f) está cozinhando?
j) Eu sei escrever bem.

Exercício 21

a) TMENI U ξECHRĪN
b) ARBAξA U TLETĪN
c) SETTI I ARBAξĪN
d) UAḤAD U KHAMSĪN
e)TLETE U SETTĪN
f) TESξA U SABξĪN
g) UAHAD U TMENĪN
h) TESξA U TESξĪN
i) MIIE
j) SABAξTAξCH

Exercício 22

a) KHAMSE U NOSS
b) TLETE U RUBAξ
c) ξACHARA U KHAMSE
d) ξACHARA ILLA TULT
e) TNAξCH
f) KHAMSE ILLA RUBAξ
g) SETTI U NOSS U KHAMSI
h) SABξA U TULT
i) TNξACH ILLA ξACHARA
j) TESξA ILLA KHAMSI

Exercício 23

a) ARBAξA
b) ARBAξTAξCH

c) ARBAξĪN
d) ARBAξMIIE
e) ARBAξTALĀF
f) SABξA U KHAMSĪN
g) SETTMIIE U TMENĪN
h) TESAξMIIE U TLETE U ξECHRĪN
i) ALF U TESAξMIIE U KHAMSI U TMENIN
j) SABAξ TALĀF MITAIN U ARBAξA U SETTIN

Exercício 24

a) HUE RĀḤ IKUN HAUN BUKRA.
b) HINNI RĀḤ IKUNU BIL MAḤAL AL AḤAD.
c) UAIN INTI RĀḤ TKUNI AL JOMξA BIL LAIL?
d) INTA RAḤ TKUN BIL SAIĀRA?
f) NAḤNA MA RĀḤ NKUN BIL BAIT AL SABT.

Exercício 25

a) ANA RĀḤ AξMIL AL FARD.
b) INTI RĀḤ TECHTERI AL BAIT?
c) HUE MA RĀḤ IECHRAB CHI.
d) UAIN INTA RĀḤ TESKUN?
e) NAḤNA MA RĀḤ NBALISH AL KHAMĪS.
f) HINNI RĀḤ IEDFAξU BUKRA.
g) INTU RĀḤ TEFTAḤU AL MAḤAL SABT?
h) ANA MA RĀḤ JIB IBNI BUKRA.
i) HUE RĀḤ IELξAB FUTBOL AL USBUξ AL JEII.
j) ANA RĀḤ EKḤI MNIḤ ξARABI.

Exercício 26

a) KHAII ADξAF MIN BAII.
b) BRAZIL AGHNA MIN AL ARGENTĪN.
c) LIAUM MICH ABRAD MIN MBĀRIḤ.
d) Angela AJMAL MIN Mírian.
e) CHU ATIAB?

Exercício 27

a) A loja dele é maior que a loja dela.
b) Ela tem um carro mais novo.
c) Minha casa é mais perto que a casa deles.
d) Porto Alegre é menor que São Paulo.
e) Na segunda eu acordo mais cedo.

Exercício 28

a) São Paulo é maior cidade do Brasil.
b) Foz do Iguaçu é a mais bonita cidade do Paraná.
c) Gisele é mais linda top model do mundo.
d) Amir é o mais alto da turma.
e) O vaticano é o menor país do mundo.

Exercício 29

SAKANT
SAKANT
SAKANTI
SAKAN
SAKANIT
SAKANNA
SAKANTU
SAKANU

SA>ALT
SA>ALT
SA>ALTI
SA>AL
SA>ALIT
SA>ALNA
SA>ALTU
SA>ALU

Exercício 30

a) ANA CHTAGHALT AL SABT AL MĀDI.
b) HUE GHASAL AL SAIĀRA MBĀRIḤ.

c) HIE SAKKARIT AL MAHAL AL DOHER.
d) NAḤNA SAKANNA BI LUBNĀN SENI AL MĀDI.
e) HINNI TALFANU MBĀRIḤ AL SOBEḤ.

Exercício 31

DALLAIT
DALLAIT
DALLAITI
DALLA
DALLIT
DALLAINA
DALLAITU
DALLU

ḤABBAIT
ḤABBAIT
ḤABBAITI
ḤABBA
ḤABBIT
ḤABBAINA
ḤABBAITU
ḤABBU

Exercício 32

a) ANA ḤABBAIT AL FILEM MBĀRIḤ.
b) HIE HAKIT MAξI AL SABT.
c) UAIN INTI KHABBAITI AL JUZDĀN?
d) HUE >AS CHAξRA AL AḤAD.
e) AIIA SEξA INTU FALAITU?

Exercício 33

BIξT
BIξT
BIξTI
BAξ
BAξIT

BIξNA
BIξTU
BAξU

ZURT
ZURT
ZURTI
ZĀR
ZĀRIT
ZURNA
ZURTU
ZĀRU

Exercício 34

a) AIIA SEξA INTI NAMTI MBĀRIḨ?
b) HINNI MA BĀξU AL BAIT.
c) INTA >ULT CHI?
d) ANA MA CHILT MASĀRI MIN AL BANEK USBUξ AL MĀDI.
e) NAḨNA RUḨNA BIL SAIĀRA.

Exercício 35

a) HUE KAN ξENDU BAIT BI São Paulo.
b) ANA KAN BADDI CHUF FILEM MBĀRIḨ.
c) HINNI KĀN ξENDUN SAIĀRA KBIRI.
d) INTI KĀN LAZIṂ TECHTEGHILI MBĀRIḨ?
e) HUE KAN FIH IRUḨ LAḨALU?

Exercício 36

a) KAN BADDI
b) KAN BADDAK
c) KAN BADDIK
d) KAN BADDU
e) KAN BADDA
f) KAN BADDNA
g) KAN BADDKUN
h) KAN BADDUN

Exercício 37

a) HUE RĀḤ IKUN FIH IRUḤ BIL SAIĀRA.
b) NAḤNA RĀḤ BADDNA NDAL BIL BAIT BUKRA.
c) INTA RĀḤ IKUN ξENDAK CHOGHIL AL SABT AL JEII?
d) HINNI RĀḤ IKUN FIHUN ISĀFIRU BAKKIR.
e) ANA MA RĀḤ IKUN ξENDI UA>T BUKRA.

Exercício 38

a) HINNI KTIR MACHGHULĪN HALLA.
b) ANA MICH MIT>AKHIR.
c) INTI BTḤOBI BATATA ME>LI?
d) HUE CHTARA SAIĀRA MASRU>A!
e) BAITNA MICH MADHUN.
f) MAḤALA KAN MAFTUḤ MBĀRIḤ.
g) SAIĀRTU MUSTAξMALI.
h) HINNI KANU MAξRUFĪN BI LUBNĀN.
i) AL UDA MAFRUCHI.
j) HINNI MAZRUξĪN UARA AL BAIT.

Exercício 39

a) UAIN FI FORN ARĪB MIN HAUN?
b) MA FI TAULE BIL MATBAKH.
c) KAN FI BAS MξALMI BIL MADRASE MBĀRIḤ.
d) MA KAN FI ḤADA BIL MAḤAL.
e) RAḤ IKUN FI ξOTLI AL USBUξ AL JEII.

Exercício 40

a) Ele trabalha à noite uma vez por mês.
b) Eu estudo árabe três vezes por semana.
c) Eles viajam duas vezes por ano.
d) Quantas vezes por mês você come fora?
e) Alguma vez você já viajou para o Líbano?

Exercício 41

FI>
FI>I
FI>U

SMAξ
SMAξI
SMAξU

FŪT
FŪTI
FŪTU

FTĀḤ AL CHUBBĀK
FTĀḤI AL BĀB
FTĀḤU AL KITĀB

RESPOSTAS DA REVISÃO GERAL 1:

Exercício de revisão 1

a) Ele está contente.
b) Ele não é solteiro.
c) Nós estamos com fome.
d) A casa dele é bonita.
e) Você (f) estava na escola ontem?
f) Eu não estava com frio de manhã.
g) Onde eles estavam no sábado à noite?
h) A irmã dele era casada.
i) A loja dele não está aberta hoje.
j) Eu como em casa todos os dias.
k) Ele não estuda árabe na terça.
l) Nós trabalhamos no domingo de manhã.
m) Você (f) dorme cedo?
n) Eles jogam futebol na sexta.
o) Eu moro no Brasil.

Exercício de revisão 2

a) MBĀRIḤ
b) LIAUM
c) MBĀRIḤ AL SOBEḤ
d) LIAUM AL DOHER
e) AL KHAMĪS
f) AL AḤAD
g) AL TANAIN BIL LAIL
h) AL IRBAξA AL MASA
i) AL SABT AL DOHER
j) AL USBUξ

Exercício de revisão 3

a) Você está com fome agora?
b) Você estava no cinema sábado?
c) Onde estava sua mãe hoje de manhã?
d) Você está com frio?
e) Sua casa é grande?
f) Teu pai estava doente?
g) O Brasil é pequeno?
h) Sílvio Santos é pobre?
i) Você é gordo?
j) Você trabalha no sábado?
k) Você come carne?
l) Lula mora em São Paulo?
m) Você joga futebol?
n) Você dorme cedo?
o) Você bebe coca cola todos os dias?

RESPOSTAS REVISÃO GERAL 2:

Exercício de revisão 4

a) Ele quer pão.
b) Eu tenho uma casa no Líbano.
c) Ela não pode ir sozinha.

d) Você come salada todos os dias?
e) Eu não bebo café à noite.
f) Ele está lendo agora.
g) Eu estava escrevendo.
h) Você gosta de tomar suco de maçã?
i) Para onde eles gostam de viajar?
j) Eu falo árabe bem.

Exercício de revisão 5

a) ξASĪR LAIMUN
b) LAḤEM MECHUI
c) BAIDĀT ME>LI
d) BATTIKH
e) ξENIB
f) BANADURA
g) BASAL
h) ḤOB
i) EDFAξ
j) BALLISH
k) TALETA
l) MARRĀT
m) AZRA>
n) ξID AL MILĀD
o) ξID MILĀDI

Exercício de revisão 6

a) TLETĪN
b) KHAMSI U ARBAξĪN
c) MIIE
d) KHAMSMIIE U SABξA U TESξĪN
e) ALF
f) TMENTALĀF SETMIIE U TLETE U ξECHRIN
g) ξACHARA U NOSS
h) ARBAξA U TULT
i) ξACHARA ILLA RUBAξ
j) TMENI U ξACHARA

Exercício de revisão 7

a) Que horas são agora?
b) Que horas você acorda no sábado?
c) Quando é teu aniversário?
d) Qual é o número da tua casa?
e) Qual é o número do teu telefone?
f) Você tem carro?
g) Você quer café?
h) Você tem que trabalhar amanhã?
i) Você gosta de beber vinho?
j) Você quer estudar árabe no Líbano?

RESPOSTAS REVISÃO GERAL 3:

Exercício de revisão 8

a) Eu vou viajar na sexta.
b) Onde eles vão morar?
c) Ela vai começar na escola na segunda.
d) Minha casa é menor que a casa dele.
e) Meu irmão é mais alto que minha irmã.
f) Rússia é o maior país do mundo.
g) Você fechou a loja às 8 horas?
h) Ele trabalhou conosco ano passado.
i) Onde você (f) cortou seu cabelo?
j) Eu não fui a festa sábado passado.

Exercício de revisão 9

a) JISM
b) CHAξR
c) AJDAD
d) MAZBUT
e) AMIS
f) BESSI
g) FUSTĀN

h) IJR
i) ANDAF
j) ISTAZ
k) MUAZAF
l) AJMAL
m) HAMMĀM
n) BANTALON
o) KALB
p) ĪD
q) ḤMĀR
r) UDA
s) ALB
t) KANZI

Exercício de revisão 10

a) Você vai viajar na semana que vem?
b) Quando você vai comprar um carro novo?
c) Você vai falar com sua mãe amanhã?
d) Você é mais alto que teu pai?
e) O Brasil é maior que a China?
f) Você foi ao Shopping ontem?
g) Que horas você acordou hoje?
h) Você estudou árabe ontem?
i) Você visitou alguém domingo passado?
j) Você tirou dinheiro do banco hoje?

RESPOSTAS REVISÃO GERAL 4:

Exercício de revisão 11

a) Ele queria dinheiro.
b) Onde vocês tinham uma casa?
c) O que ele vai ter que fazer amanhã?
d) O que tem embaixo da mesa?
e) Tem um livro no chão?
f) Este ovo está estragado.

g) Há uma farmácia perto da minha casa.
h) Abra a porta do carro.
i) Vejam! Está chovendo!
j) Vá ao banco com ele.

Exercício de revisão 12

a) MARRĀT
b) ḤARĀRA
c) KHĀMIS
d) UARA
e) ABADAN
f) DAUA
g) TĀLET
h) DĀ>IMAN
i) KANABEII
j) FAU>
k) HEDA
l) CHI MARRA?
m) KUL CHA-HER
n) TAḤT
o) HADEK

Exercício de revisão 13

a) Você tinha trabalho ontem?
b) Você está ocupado agora?
c) Quantas vezes por semana você estuda árabe?
d) Este livro é teu?
e) Você deve estudar mais?
f) Alguma vez você viajou para o Líbano?
g) Há um computador no teu quarto?
h) Você podia falar árabe antes?
i) Como está tua saúde?
j) Há uma TV na cozinha da tua casa?

Sobre o Autor

Jihad Mohamad Abou Ghouche nasceu em Palmeiras das Missões, RS, e aos 10 anos se mudou para o Líbano com toda a família. Lá concluiu o ensino fundamental e médio em uma escola bilíngue (Árabe/Inglês) e em seguida estudou literatura inglesa e americana. Retornou ao Brasil em 1993. No ano seguinte começou a lecionar inglês em uma escola de idiomas, e em 1997, abriu sua própria escola em sociedade com um colega. Inicialmente, era uma escola de ensino de Inglês, mas ao longo dos anos passou a oferecer também cursos de Espanhol, Italiano, Árabe, Francês e Alemão. Jihad também é formado em pedagogia e acumula 25 anos de experiência no ensino de idiomas. Já lecionou para alunos de praticamente todas as faixas etárias, dos 4 aos 80 anos, em escolas de idiomas, colégios, faculdade e turmas especiais em empresas. É autor dos livros:

- Solte a língua em inglês (2010 – Disal Editora)
- Meus primeiros passos no inglês (2011 – Disal Editora)
- Melhore o seu inglês (2012 – Disal Editora)
- Pratique Conversação em Inglês (2015 – Disal Editora)
- Fale Mais Árabe! (2019 – Disal Editora)

Visite também o canal "Fale Árabe" no YOUTUBE e concilie seus estudos com as mais de 550 videoaulas do prof. Jihad que lá se encontram!

Como acessar o áudio

Todo o conteúdo em áudio referente a este livro, você poderá encontrar em qualquer uma das seguintes plataformas:

Spotify DEEZER

Ao acessar qualquer uma dessas plataformas, será necessário a criação de uma conta de acesso (poderá ser a versão gratuita). Após, pesquise pelo título completo do livro, ou pelo autor ou ainda por **Disal Editora**, localize o álbum ou a playlist e você terá todas as faixas de áudio mencionadas no livro.

Para qualquer dúvida, entre em contato com **marketing@disaleditora.com.br**

IMPORTANTE:

Caso você venha a encontrar ao longo do livro citações ou referências a CDs, entenda como o áudio acima indicado.

Este livro foi composto na fonte Minion,
e impresso em março de 2024 pela Paym Gráfica Editora Ltda.,
sobre papel offset 75g/m².